Paul Verbeek

Pilger gegen die Macht

Johannes Paul II. und der Zerfall
des Sowjetimperiums

Paul Verbeek

Pilger gegen die Macht

Johannes Paul II. und der Zerfall des Sowjetimperiums

SANKT ULRICH VERLAG GmbH

Bibliographische Information der Deutschen Bibliothek

Die Deutsche Bibliothek verzeichnet diese Publikation in der Deutschen Nationalbibliographie; detaillierte bibliographische Daten sind im Internet über http://dnb.ddb.de abrufbar.

Umschlaggestaltung: UV Werbung, Mediengruppe Sankt Ulrich Verlag, Augsburg
Titelbild: Roberto Koch / Contrasto / Agentur Focus
Druck und Bindung: Freiburger Graphische Betriebe GmbH & Co. KG, Freiburg
Printed in Germany
ISBN 3-936484-45-7
www.sankt-ulrich-verlag.de

Inhalt

Kapitel I.

Habt keine Angst!

Während einer Reise in die Ukraine sagte Papst Johannes Paul II. am 26. Juni 2001 einer vieltausendköpfigen Menge von Jugendlichen in Lemberg:

„Gott spricht zu uns, indem er der Schöpfung Leben schenkt; Himmel, Erde, Licht, Wasser, Lebewesen, Mann und Frau: Alles existiert durch sein Wort. Sein Wort gibt allen Dingen ihren Sinn und entzieht sie dem Chaos. Deshalb ist die Natur ein großes Buch, in dem wir mit immer neuem Erstaunen die Spuren der göttlichen Schönheit suchen können.

Mehr noch als aus der Schöpfung spricht Gott aus der Geschichte der Menschheit. Er offenbart seine Gegenwart in den Gegebenheiten der Welt, indem er immer wieder einen Dialog mit den nach seinem Abbild geschaffenen Menschen eröffnet, um mit jedem eine Gemeinschaft des Lebens und der Liebe zu bilden."

Woran dachte der Papst, als er die Jugendlichen aufforderte, aus der Geschichte zu lernen? Dachte er auch an sein eigenes Lebenswerk? Hatte doch auch er die Geschichte der Menschheit, deren Weg in das 21. Jahrhundert mitgelenkt, wesentlichen Anteil gehabt an dem Zerfall des Sowjetimperiums, der Überwindung der Ost-West-Rivalität, die ein halbes Jahrhundert die Weltpolitik gefahrvoll überschattet hatte. Der Papst also ein Werkzeug Gottes für dessen Wirken in der Geschichte? Die Botschaft des Evangeliums, mit der er immer wieder vor die Menschheit tritt, eine Wegweisung, die Schicksale der Menschheit auf guten Wegen zu halten?

Über ein Vierteljahrhundert ist seit jenem Montag, dem 16. Oktober 1978, vergangen ... Am späten Nachmittag gegen 18 Uhr steigt der weiße Rauch aus dem dafür bestimmten Kamin der Vatikansäle. Eine Stunde später verkündet Kardinal Pericle Felici von der Loggia des Petersdoms das „habemus papam“ und nennt den Namen des Neugewählten. Verwirrung zuerst in der vieltausendköpfigen Menge, die unten auf dem Petersplatz wartet. „Karol Wojtyla, wer ist das? Nie gehört!“ Ein Raunen, ein Flüstern geht um. Ein Pole ist es. Ungewöhnlich. Es war doch seit Menschengedenken immer ein Italiener. Doch bald bricht dann der Bann. Der neue Papst tritt auf den Balkon der Basilika. Er stellt sich den Römern vor. Nicht mit einem lateinischen Segen, wie es die Tradition wollte, sondern kurz auf italienisch: „Ich hatte Angst, die Wahl anzunehmen“, hört ihn die Menge vor dem Petersdom sagen. Aber schon sechs Tage später ändert sich der Ton. Während des Inaugurationsgottesdienstes auf dem Petersplatz spricht er die Sätze, die von da an eine Art Programm seines Pontifikates werden sollten: „Habt keine Angst! Öffnet, ja reißt die Tore weit auf für Christus! Öffnet die Grenzen der Staaten, der wirtschaftlichen und politischen Systeme, die weiten Bereiche der Kultur, der Zivilisation und des Fortschritts seiner rettenden Macht.“

Dieser Aufruf begleitete den Papst während der gesamten Zeit seiner bisherigen Regentschaft. Ein Brückenbauer ist er, ein „Pontifex Maximus“, wie der Beiname der Päpste immer noch lautet, den sie von den Oberpriestern des römischen Imperiums abgeleitet hatten. Als erster Pontifex in den zweitausend Jahren der Kirchengeschichte betritt er am 13. April 1986 eine Synagoge, das jüdische Gotteshaus am Tiberufer in Rom. Bei seinem Besuch in Israel im Jahre 2000 betet er an der Klagemauer des jüdischen Tempels. Am 6. Mai 2001 tritt er als erster Papst in den Innenhof einer Moschee, der altehrwürdigen Omaijaden-Moschee in Damaskus. In einer Ansprache ruft er Christen und Muslime auf, einander nicht als Gegner, sondern als Partner zu begreifen. Eine Sternstunde seines Pontifikates war das Weltgebetstreffen, das Friedensgebet der Weltreligionen, zu dem im Oktober 1986 auf seine Einladung die Vertreter anderer christlicher Konfessionen und die Vertreter anderer Religionsgemeinschaften in Assisi, der Stadt des hl. Franziskus im italienischen Umbrien, zusammenkamen.

Johannes Paul II. hat die mit dem Zweiten Vatikanischen Konzil im Oktober 1962 durch Papst Johannes XXIII. begonnene Öffnung der Kirche in die Welt vorangetrieben und während mehr als hundert Auslandsreisen deren Botschaft in die Welt hinausgetragen. Dies hatte ganz konkrete Auswirkungen in den politischen Außenbeziehungen der Zentrale der römischen Kirche. Das Interesse der Welt an dieser ist während der vergangenen Jahrzehnte erheblich gewachsen. Die Zahl der Staaten, die diplomatische Beziehungen zum Heiligen Stuhl unterhalten, hat sich während der Amtszeit von Johannes Paul II. mehr als verdoppelt. Daran läßt sich auch ablesen, wie sehr sich während seines Pontifikates die Kirche zur Weltkirche fortentwickelt, sich von ihren eurozentrischen Ursprüngen gelöst hat.

Johannes Paul II. hat ein vorwärtsstrebendes Verständnis von Toleranz, indem er auf Menschen aller Weltregionen, anderer Glaubensgemeinschaften, der vielfältigen politischen Systeme, zugeht, um herauszufinden, was in deren Überzeugungen, Traditionen und Erfahrungen an Schätzen schlummert, das geeignet sein könnte, gemeinsam mit dem Ideengut seiner Kirche den Unheilen der Zeit entgegenzuwirken. Er gesellt sich damit aber nicht relativistischen Attitüden zu, die glauben, daß aus den in der Menschheitsgeschichte herangewachsenen Geistesgütern ein Gemenge zusammengegossen werden solle, um diesen Unheilen mit Erfolg zu begegnen. Kritisch ist er gegenüber Entwicklungen in der eigenen Kirche, von denen er weiß, daß durch diese der Weg des Evangeliums verlassen werde oder früher einmal verlassen worden war. Mehr als seine Vorgänger bekannte er sich wieder und wieder dazu, daß die Wege seiner Kirche, mag sich diese auch auf einen göttlichen Auftrag berufen, doch von fehlbaren Menschen beschritten werden. Weiß er doch, daß sogar Petrus, der erste in der langen Reihe seiner Vorgänger als „Stellvertreter Christi auf Erden“, seinen „Herrn“ in der Nacht vor dessen Leiden und Sterben „dreimal verleugnet“ hatte. Er scheute sich daher nicht, im Namen der Kirche und im Namen des christlichen Glaubens begangene Fehler und Sünden unverblümt zu nennen und wegen dieser um

Verzeihung zu bitten. Dramatisch war diese Bitte in bezug auf die Verfolgungen des jüdischen Volkes und die an diesem im Laufe der Geschichte immer wieder begangenen Mordtaten, zuletzt in den Gaskammern des Hitlerregimes. Wußte der Papst doch zu genau, daß in den christlichen Kirchen gepflegter Antijudaismus zu dem Untergrund gehörte, auf dem Antisemitismus und der rassistische Vernichtungswille des Nazismus wachsen konnte – mochte dieser selbst dem Christentum noch so ferngestanden haben. Auch scheute er sich nicht, scharf gegen Priester und Bischöfe vorzugehen, die eigene oder in ihrem Bereich begangene Fehler unter den Teppich hatten kehren wollen.

Die mit dem Zweiten Vatikanischen Konzil begonnene innere Demokratisierung der Kirche habe er aufgehalten, sagen Kritiker. Doch bis zu welchem Maße kann sich die Kirche eine solche Demokratisierung erlauben? Sicherlich auf der Ebene der Laienbeteiligung, hinsichtlich der Öffentlichkeit ihrer Finanzen oder innerer Entscheidungsabläufe. Insoweit mag man sagen, daß es im Pontifikat von Johannes Paul II. einen gewissen Nachholbedarf gibt. In den meisten anderen Bereichen wird aber übersehen, daß es nach dem Selbstverständnis der Kirche Grenzen einer Demokratisierung gibt, die diese, ohne ihr Wesen zu beschädigen, nicht überschreiten kann. Denn das demokratische Prinzip der Mehrheitsentscheidungen ist ein Gebot der Zweckmäßigkeit, nicht ein Weg zur Wahrheitsfindung. Auch der glühendste Demokrat wird nicht behaupten können, daß „Mehrheit gleich Wahrheit" sei. Ich kenne keine religiöse Gemeinschaft, die bereit wäre, Kernaussagen ihres Glaubens dem Votum von Mehrheiten zu unterwerfen. Wenn es aber nicht das Mehrheitsprinzip sein kann, was denn sonst? Die Kirche, eine fundamentalistische Meinungsdiktatur, an deren Spitze der Papst steht? In seinem 1994 vorgelegten Buch „Die Schwelle der Hoffnung überschreiten", in welcher er in einer sehr persönlichen Art und Weise auf die Fragen eines Journalisten antwortend Zeugnis von seinem Glauben und seinem Selbstverständnis als Papst legte, beschrieb er seine Rolle als „Stellvertreter Christi auf Erden" mit großer Zurückhaltung. Jede Christin, jeder

Christ, Priester, Bischof, die Gemeinschaft der Bischöfe trage etwas von dieser Aufgabe in sich. Der Papst sei nur, wie Gregor der Große es schon gesagt habe, der „servus servorum", der Diener der Diener.

Während meiner Zeit in Rom verglich ich mir im Geiste diese Kirche mit einem Lebensvorgang: einem Baum, der seine Kraft aus tief in das Erdreich verästelt greifenden, unsichtbaren Wurzeln schöpft, der einen knorrigen, sichtbaren Stamm hat, Äste, Zweige, Blüten und Früchte. Alles greift zusammen, ist für das Überleben unerläßlich. Was sich abtrennt, stirbt. Dies ist ein Phänomen, das mit der Ratio allein nicht aufgelöst, sondern nur gelebt und miterlebt werden kann.

Oft war während der letzten Jahre zu hören gewesen, daß es für ihn doch Zeit sei abzutreten. Denn was habe der alte, kranke, weder seiner Glieder noch seiner Stimme mächtige Papst der Menschheit zu sagen? Er ist in der Tat in einer Welt, in der nur zählt, was gesund, mächtig, reich ist und im Saft steht, ein Stein des Anstoßes. Aber ist er durch seine unübersehbaren körperlichen Gebrechen nicht der glaubwürdigste Sprecher aller Kranken, Armen, Behinderten und Benachteiligten dieser Erde? War es nicht gerade dies, das die Jugend, die er während unzähliger Treffen um sich versammelte, anrührte und ihm zujubeln ließ?

Johannes Paul II. hat den Gang der Weltpolitik mitorientiert. Doch: „Wieviele Divisionen hat der Papst?" Stalin fragte dies. Andere fragten dies ebenso: vor, mit oder nach Stalin – je nach ihrer Einstellung zu dem römischen Papsttum ironisch wie Stalin oder ärgerlich, erstaunt oder zufrieden. Als sich die Vereinigten Staaten und Großbritannien vorbereiteten, den Irak und dessen Diktator Saddam Hussein im März 2003 zum zweiten Mal zu bekriegen, erhob Johannes Paul II. leidenschaftlich seine Stimme für eine friedliche Beilegung des Streites. Den Kurienkardinal Pio Laghi, der schon während der Präsidentschaften von Ronald Reagan und George Bush senior als Nuntius in Washington gewirkt und mit jenen enge Beziehungen gepflegt hatte, sandte er zurück an die Stätte seines früheren Wirkens, um Präsident Bush junior von seinen Absichten abzubringen. Den in Sachen des Ostens und der arabischen Welt erfahrenen Kurienkardinal Roger Etchegaray, der zu einer für kirchliche Würdenträger ungewöhnlich direkten Sprache fähig ist, schickte er zu dem irakischen Diktator mit der Aufforderung, doch umgehend die Auflagen der Vereinten Nationen zu erfüllen. Den Europäern, die den Kurs der USA unterstützten: dem Briten Blair, dem Spanier Aznar und dem Italiener Berlusconi redete er im Vatikan ins Gewissen. Erfolg hatte er nicht. Doch war sein Eintreten für den Frieden deswegen nutzlos?

Es hatte Auswirkungen, die weit über diesen Krieg hinaus in die Zukunft reichen. Nachdem dieser Papst, zusammen mit Christen aller Kirchen rund um den Erdkreis, mit der ganzen moralischen Autorität seines Amtes seine Stimme auf die Waagschale des Friedens gelegt hatte, kann niemand in der muslimischen Welt, der guten Willens ist, behaupten, daß dieser Krieg die verspätete Ausgabe eines christlichen Kreuzzuges gegen die Welt des Islams gewesen sei. Aus dem Krieg und dessen Folgewirkungen hatte er damit den Stachel des Vorwurfes herausgezogen, daß dem mit dem Zerfall der Sowjetunion beendeten Kalten Krieg zwischen Ost und West ein Glaubenskrieg zwischen Christen und Muslimen gefolgt sei. Zuletzt bekräftigte er dies noch einmal durch seine Botschaft zum Weltfriedenstag am 1. Januar 2004, in welcher er mit deutlichem Blick auf die Lage im Irak und im israelisch-palästinensischen Konflikt friedliche Lösungen und die Beachtung des Völkerrechtes einforderte. Auch der christlichen Verbrämung, mit welcher der US-Präsident die Gewaltanwendung im Irak zu legitimieren suchte, wurde dadurch der Boden entzogen.

Der Papst hat also Divisionen. Doch sind diese nicht mit Waffen ausgerüstet und werden auch nicht mit Geld bezahlt. Der Papst besitzt keine Reichtümer. Es geistert zwar ab und zu noch die Vorstellung herum, daß sich hinter den vatikanischen Mauern Schätze unvorstellbaren Glanzes verborgen hielten, von denen Papst, Kardinäle und Prälaten noch ab und zu einen schwarzen Gebrauch machten. Die Schätze, die der Vatikan wirklich besitzt, können Besucher in dessen Museen und Sälen besichtigen. In seinen Kassen herrscht dagegen notorische Leere. An Geld ist der Vatikan, gemessen an seinen weltweiten Aufgaben, so arm, wie eine Kirchenmaus es nur sein kann. Die Erzdiözese Köln verfügt über mehr Geld als der ganze Vatikan.

Der Papst spricht zu der säkularen Politik mit der moralischen Autorität des herausgehobenen Verwalters des großen Schatzes an Erfahrungen, Regeln und Sitte, die das christliche Abendland zur Versöhnung des Menschen mit Gott und den Erfordernissen einer zivilisierten Existenz angesammelt hat. Er erinnert daran, daß es in der Politik nicht nur um Macht, Waffen, Wirtschaft und Überwindung sozialer Klüfte geht, sondern auch um geistige Prozesse, Überzeugungen, die in letzter Konsequenz etwas mit dem Versuch von Antworten auf die Frage zu tun haben, die zu stellen den Menschen erst zum „homo sapiens" machte, als er in grauen Vorzeiten in das Licht der Wirklichkeit trat: „Wozu bin ich auf Erden?"

Johannes Paul II. folgt dem Weg, auf den sich die Kirche nach ihrer Neubesinnung durch das Zweite Vatikanische Konzil begeben hat. Es ist dies die Selbstbeschränkung, im Bereich des Pastoralen zu bleiben, auf das politische Umfeld nur indirekt im Wege der Glaubensverkündung einzuwirken. Die wohl bündigste und klarste Definition dieses Verständnisses, zugleich eine theologische Rechtfertigung der dergestalt gezogenen Scheidelinie zwischen weltlicher und kirchlicher Verantwortung, gab der Papst schon in einer Rede vor dem Europäischen Parlament am 11. Oktober 1988:

„Nach Christus ist es nicht mehr möglich, die Gesellschaft als kollektive, den Menschen und sein unerbittliches Schicksal verschlingende Größe zu vergöttern. Die Gesellschaft, der Staat, die politische Macht gehören zur sich ändernden und stets vervollkommnungsfähigen Ordnung dieser Welt. Kein gesellschaftliches

Projekt wird jemals das Reich Gottes, das heißt die eschatologische Vollendung auf dieser Erde erreichen können. Die politischen Messianismen münden meist in die schlimmsten Tyranneien ...

Zu sagen, daß es der religiösen Gemeinschaft und nicht dem Staat zusteht, sich dessen, ‚was Gottes ist', anzunehmen, heißt, der Macht des Menschen eine heilsame Grenze setzen; diese Grenze ist der Bereich des Gewissens, der letzten Ziele, des letzten Sinns der Existenz, der Offenheit für das Absolute, die Anspannung auf eine nie erreichte Erfüllung hin, die zum Bemühen anspornt und zu richtigen Entscheidungen anregt."

Alle ernsthaften Beobachter sind sich einig, daß Johannes Paul II. einen entscheidenden Anteil an der Entwicklung hatte, die zum Zerfall des Sowjetimperiums führte. Der verläßlichste Zeuge dafür ist Michail Gorbatschow. In seinen Memoiren sowie im März 1992 in einem Artikel in der italienischen Zeitung „La Stampa" äußerte er sich ausführlich über sein Verhältnis zu Johannes Paul II. Er preist den Papst als eine außerordentliche Persönlichkeit, einen großen Humanisten. Einen intensiven Briefwechsel habe er mit ihm geführt. In seiner Nähe habe er die Rolle verspürt, die der Papst bei der Schaffung seines neuen politischen Gedankengutes hatte. Der Artikel in „La Stampa" gipfelt in der Feststellung, „daß all das, was in Osteuropa in den letzten Jahren geschehen ist, nicht möglich gewesen wäre ohne die Präsenz dieses Papstes, ohne die große, auch politische Rolle, die er fähig war, auf der Weltbühne zu spielen." Hans Dietrich Genscher, längstgedienter deutscher Außenminister der Nachkriegszeit, sagte Anfang des Jahres 2003, daß der Beitrag dieses Papstes zu dem Zerfall des Sowjetimperiums und der nachfolgenden deutschen Wiedervereinigung „überhaupt nicht überschätzt" werden könne.

Um die außerordentliche Wirkung zu verstehen, die das Auftreten dieses Papstes auf der Weltbühne im Oktober 1978 hatte, reicht es aber nicht, zu schildern, was Papst und Vatikan in ihrem

Ringen mit dem Weltkommunismus gedacht und getan haben. Es muß auch die weltpolitische Lage in Erinnerung gerufen werden, in die hinein Johannes Paul II. gewählt wurde. Er war ja nicht ein moderner Herkules, der alleine und auf sich gestellt den Sowjetkommunismus besiegt hätte. Diese weltpolitische Lage war aber nicht nur das, was sie war, als der Papst auf die Weltbühne trat. Sie war das Ergebnis eines jahrzehntelangen Ringens zweier politischer Blöcke: ein machtpolitisches Ringen, ein militärisches Kräftemessen, ein wirtschaftlicher Wettlauf. Die Ost-West-Rivalität überschattete während der Jahrzehnte meines Berufslebens wie eine dunkle Wolke alles, was es zu tun gab. Wohin auch immer die Angehörigen des deutschen auswärtigen Dienstes hingestellt, womit auch immer sie beschäftigt waren – immer schwangen im Hintergrund die Gefahren mit, die aus den Verkrustungen dieser Rivalität über allem lauerten. Am 9. November 1989 sah man in Berlin nach dem Fall der Mauer Menschenmassen, die sich vor Freude nicht fassen konnten. Unzähligen anderen wird an jenem Tag ein schwerer Stein von der Seele gefallen sein. Für die Angehörigen des deutschen auswärtigen Dienstes trat, nachdem sie Jahr für Jahr einer Politik gedient hatten, für die niemand einen guten Ausgang hatte vorhersagen können, zu dieser Freude noch das tief erleichternde Gefühl hinzu, doch noch zu erleben, daß der Ausgang ein guter war.

Doch hatte die Entwicklung nicht nur ein Äußeres; es gab noch ein Inneres, in das einzudringen unerläßlich ist, um sowohl den Aufstieg und den Zerfall des Sowjetimperiums als auch den Beitrag des Papstes zu diesem Zerfall zu verstehen. Hinter dem Äußeren der Ost-West-Rivalität hatte ein Ringen um Überzeugungen gestanden, die etwas mit dem Sinn menschlicher Existenz und dem Sinn von Herrschaft auf dieser Erde zu tun hatten: hier die westlichen pluralistischen, auf der individuellen Freiheit der Bürgerinnen und Bürger beruhenden Verfassungsstaaten, dort das System des Marxismus-Leninismus. Mit dem Eintritt von Johannes Paul II. in das Weltgeschehen begann der Aufstand gegen die Legitimation, auf der das Sowjetimperium beruhte: der Aufstand gegen den dialektischen Materialismus, die marxistische Utopie, das daraus abgeleitete Wahrheits- und Machtmonopol der KPdSU. Mit ihm meldete sich eine Fundamentalopposition gegen das im Sowjetimperium herrschende System zu Wort, der es nicht mehr Herr werden konnte, und die aus dessen innerem Zerfallsprozeß nicht weggedacht werden kann. In diesem Ringen um Überzeugungen hatte es schon vor dem Auftreten des neuen Papstes unter den Oberflächen des so monolithisch festgefügt erscheinenden östlichen Blocks einen Reifeprozeß gegeben, der weit fortgeschrittener war, als es die Weltöffentlichkeit schon wahrgenommen hatte. Dies erklärt, warum die Botschaften von Johannes Paul II. einen millionenfachen Widerhall über die Grenzen seiner Heimat Polen hinaus fanden. In diesen Reifeprozeß wirkte er als Brückenbauer hinein. Es kam zu einem Umkippen der Gesamtentwicklung, weil er Partner hatte, die gleich ihm nach Auswegen aus den die Weltpolitik so gefährlich überschattenden Rivalitäten suchten. Unaufhaltsam wurde die Entwicklung, nachdem im März 1985 Gorbatschow an die Spitze des Sowjetimperiums getreten war und diese Suche nach Auswegen zum Credo seiner Politik gemacht hatte. Der letzte Grund für den Zusammenbruch des Sowjetimperiums war, daß das Überzeugungsfundament, auf dem es gestanden hatte, der Marxismus-Leninismus, von der Wirklichkeit als trügerische Utopie entlarvt worden war, und sich die Menschen in dem Imperium von diesem abgewandt hatten. Das Nachdenken über die Prozesse, die zu dem Zerfall des Sowjetimperiums führten, bietet sich so auch als eine glänzende Fallstudie dazu an, der immer spannenden Frage ein wenig näherzukommen, wie es in der Geschichte überhaupt zugeht. Es ist ja selten, daß diese uns ein Fensterchen öffnet und uns von außen einen Einblick in ihre Werkstätten gestattet.

Der Menschheit hat sich mit dem Zerfall des Sowjetimperiums und dem Sieg der demokratischen Idee nicht das Tor zu einer Rückkehr in das Paradies wiedergeöffnet, aus dem sie, wie im ersten Buch des Alten Testamentes beschrieben, vertrieben worden war – vertrieben nach ihrem ersten Sündenfall: dem Erliegen der

Versuchung der Schlange („ihr werdet sein wie Gott, wissend das Gute und Böse"), dem Kosten von der Frucht vom „Baum der Erkenntnis". Mit dem Hinschwinden der marxistischen Weltidee war nicht das „Ende der Geschichte" gekommen, wie damals aus den USA zu hören war. Der zweite Abschnitt des Pontifikates von Johannes Paul II. begann: sein Ringen mit den westlichen Staaten darum, welche Selbstverständnisse in diesen lebendig sind, was diesen „Freiheit" in ihrer innerer Ordnung bedeutet, mit welcher Botschaft sie diese in die Welt hinaustragen und wie sie mit den schwierigen Zusammenhängen zwischen Nord und Süd, dem gefährlichen Auseinanderfallen von Armut und Reichtum auf unserem Planeten, umgehen.

Geschichte steht nie still

Schreitet Geschichte immer schneller fort? Oder sind wir nur Zeitgenossen eines der alles verändernden Geschichtssprünge, der Überwindung eines Kataraktes, nach der die Wasser des Geschehens wieder ruhiger dahinfließen werden? Vor nur hundert Jahren unterschrieben deutsche Fürsten noch mit dem „Wir", dem „pluralis majestatis", laut dem ihr Geschlecht, ihr Stand, „von Gottes Gnaden", wie sie sagten, zur Herrschaft über ihre „Untertanen" berufen sei. Dann kamen die „Aufstände der Massen", die nationalistischen Exzesse, in denen sich die europäischen Völker während des Ersten Weltkrieges gegenseitig an die Kehle sprangen und das gute alte Europa unter sich begruben. Es folgte das kurzfristige Experiment der Weimarer Demokratie, einer leider noch unreifen Frucht der deutschen Geschichte, die dem Ansturm rechter und linker Utopien erlag, was zur Katastrophe des Hitlerregimes und des Zweiten Weltkrieges hinführte. Danach der ans Wunderbare grenzende demokratische und wirtschaftliche Aufstieg im Westen unseres Landes. Die Spaltung des Landes, das Mauer- und Stasiregime im Osten, der Jahrzehnte alles drohend überlagernde Ost-West-Konflikt. Der Zerfall des Sowjetimperiums, das Glück der Wiedervereinigung. Zur Zeit die nicht enden wollende sogenannte Diskussion um „Reformen“, die für die sich mühsam durchsetzende Erkenntnis steht, daß Demokratie weder perfekt funktionierende Mechanismen für Problemlösungen anbietet noch zum Nulltarif zu haben ist, ihre Überlebenskraft dagegen aus einer im Land gepflegten, von unten nach oben gewachsenen demokratischen Kultur schöpft.

Geschichte stand und steht nie still. Das römische Papsttum steht immer mittendrin. Es hat seinen Auftrag zwar nicht von dieser Welt; es steht aber in dieser Welt. Vor einem halben Jahrhundert regierte in Rom noch Pius XII., jener Pontifex, der noch etwas von der Hoheit der mittelalterlichen Päpste ausstrahlte. Einen Tick zu deutschfreundlich war er wohl; wollte es doch nicht wahrhaben, daß das Volk von Goethe, Beethoven und Kant von den Teufelsarmen eines Hitler in den Strudel der Naziverbrechen gezogen werden könne. Zu sehr Diplomat war er wohl auch, der – gleich der britischen Politik unter Chamberlain – dem Irrtum erlegen war, in dem Naziregime einen Schutzwall gegen den noch schlimmeren atheistischen Sowjetkommunismus zu erkennen. Als es dann zu spät war, habe er, so wurde behauptet, nur taktiert, auf geheimen Wegen versucht zu retten, was noch zu retten war; so der Vorwurf in Rolf Hochhuths „Stellvertreter“ – jenes Theaterstück, welches den deutschen Zeitgenossen Hitlers das eigene Versagen – unterschwellig achselzuckend – mit der Ausrede zu entschuldigen verhalf: „Wenn der in Rom nichts getan hat, was konnte dann ich tun?“. Nach Pius XII. kam Johannes XXIII., der mit dem Optimismus eines Dorfpfarrers die Tore und Fenster der Kirche durch die Einberufung des Zweiten Vatikanischen Konzils öffnete und auch frischere Luftzüge der Aufklärung die vatikanischen Stuben und Säle durchwehen ließ. Er war der Papst der Versöhnung und der Menschenliebe. Paul VI. war der Vollender des Konzils, zugleich aber ein zögerlicher, mißtrauischer Beobachter der Einbrüche der modernen Welt in die der Kirche. Als der „Pillenpapst“ gilt er in der öffentlichen Wahrnehmung, der etwas verbittert erleben mußte, daß seine Absicht, die Natur der Frau vor den Anstürmen des „Sexualismus“ und dem, wie er meinte, sich dahinter verbergenden Männeregoismus zu schützen, so gründlich mißverstanden wurde.

Dann kam Johannes Paul II., der Papst der Zeitenwende und Jahrtausendwende. Auch an diesem Papst scheiden sich die Geister. In Deutschland vergeht kaum eine Fernsehtalkshow, in der, geht es Papst und Vatikan, Papstkritikern nicht eine Bühne geboten wird, um gegen Rom zu polemisieren. Viele deutsche Katholiken, die ohnehin schon den Drang verspürten, sich von den römischen Bevormundungen zu befreien, haben dadurch eine Ermutigung erfahren, es mehr mit herrschenden Zeitgeistern zu halten als mit dem Papst und den, wie sie meinen, vertrockneten römischen Institutionen. Doch was ist aus der Ideenwelt der Papstkritiker geworden? Wo ist das „Weltparlament der Religionen", auf das Hans Küng seine Hoffnungen setzte? Es gibt bereits ein Weltparlament der Nationen, die Vereinten Nationen in New York mit ihren Organen, dem Sicherheitsrat, der Vollversammlung aller Mitglieder und den zahlreichen Unterorganisationen. Kofi Annan, deren derzeitiger Generalsekretär, ist sicher ein ehrenwerter Mann. Doch hat er es nicht geschafft, zu der moralischen Instanz zu werden, die sich mit der Entschiedenheit den Kriegen und den Ungerechtigkeiten in unserer Welt entgegenwirft, wie dies notwendig wäre. Warum? Er hat es nicht geschafft, weil die Vereinten Nationen dem Auftrag ihrer Berufung nur unvollkommen gerecht geworden sind. Und so können wir heute nur feststellen, daß der alte, gebrechliche, von Krankheit und Verletzungen gezeichnete Papst in Rom die eigentliche, alles überragende Weltinstanz ist, ein Weltgewissen, in dem sich alle Kräfte gebündelt haben, den Unheilen entgegenzuwirken, in welche die vielen, sich nur dem Säkularen verpflichtet fühlenden Politiker und deren Denkschulen die Welt hineinverführt haben. Es hatte nicht nur eine symbolische Bedeutung, daß der Vizepräsident der USA, Dick Cheney, Ende Januar 2004 den Papst in seinem Büro in Rom aufsuchte und ihm eine kristallene Friedenstaube als Geschenk überreichte. Damit nicht genug. Am 4. Juni 2004 besuchte Präsident Bush jun. in Person den Papst im Vatikan. Schon zweimal waren die beiden zuvor zusammengekommen. Doch diesmal hatte das Treffen vor dem Hintergrund der anhaltenden kriegerischen Zusammenstöße im Irak, der Blutspuren, welche die fast zur Normalität gewordenen

Attentate und Gegenattentate von Palästinensern und Israelis hinterlassen hatten, einen besonderen politischen Rang, und waren Ohren und Augen der Weltöffentlichkeit dementsprechend darauf gerichtet. Der Präsident, gegen dessen Politik sich der Papst so vehement gewandt hatte, hielt es für gut und notwendig, vor der Weltöffentlichkeit zu demonstrieren, daß er mit den päpstlichen Zielen im Ergebnis doch übereinstimme, obwohl er zu den Mitteln des Krieges gegriffen hatte. Beide Seiten mochten versöhnliche Töne angeschlagen haben und ersichtlich bemüht gewesen sein, dem Treffen einen positiven Unterton zu geben. Gleichwohl lag in der Reise des Präsidenten nach Rom etwas von einem Bitt- und Bußgang, ein Hauch von Canossa. In dem öffentlichen Auftreten nach dem Gespräch saß der Präsident brav neben dem Papst, überreichte ihm die höchste amerikanische zivile Auszeichnung: die Freiheitsmedaille, die der Papst mit einem etwas gebremsten Ausdruck von Befriedigung entgegennahm. Der Zweck des Treffens war für beide Seiten erreicht: Das Unüberbrückbare war noch einmal bekräftigt, die Brücken waren aber nicht abgebrochen.

Was aber ist das Geheimnis der so erstaunlichen Entwicklung, der wachsenden Bedeutung der Stimme des Papstes in der Weltpolitik? Hat die säkulare Welt, von der Wirklichkeit belehrt, erkannt, daß ein Herumanalysieren in den Sphären von Waffen, Währungen und Waren, den gesellschaftlichen Verwerfungen, der Psychologie der Menschen und der menschlichen Gesellschaft, ein Irrgarten ist, aus dem sie alleine nicht herausfinden kann? Wendet sich diese so ganz und gar aufgeklärte Welt hilfesuchend an den Papst, weil dieser einen ihr verlorengegangenen Weisheitsschatz verwaltet, der sich in einer zweitausendjährigen Geschichte bewährt hat und zudem noch auf das meistgedruckte Buch der Weltgeschichte beruft: die Bibel?

Eine eigenartige Zwischenstellung

Das Amt eines Botschafters beim Heiligen Stuhl, das ich von 1987 bis 1990 innehatte, vermittelt eine einzigartige, fast merkwürdige Zwischenstellung. Der Botschafter ist einerseits beamteter, weisungsgebundener Vertreter einer weltlichen Staatsordnung; er ist aber an der Grenze angesiedelt, an der die staatliche Politik auf die Überzeugungswelt des Glaubens der Kirche trifft. Da aber keine dem Diesseitigen verpflichtete Politik auf eine innere Orientierung, auf Überzeugungshorizonte, verzichten kann, findet über diese Grenzlinie ein Austausch statt, den zu fördern, zu beleben, zu dem Aufgabenkreis des Botschafters gehört; in dem er sich auch einmal als Dolmetscher zwischen verschiedenen Sprechweisen zu bewähren hat.

Die Botschafter beim Heiligen Stuhl treffen mit dem Papst in aller Regel nur zweimal zu einem ausführlicheren Gespräch zusammen: wenn sie kommen bei Gelegenheit der Überreichung des Beglaubigungsschreibens; wenn sie gehen, um sich zu verabschieden. Andere Zusammentreffen mit dem Papst bieten nur Gelegenheit zum kurzen Wortwechsel. (So konnte ich Ende 1988 mit meiner Familie an einer der Messen teilnehmen, die der Papst an jedem frühen Morgen in seiner Privatkapelle liest. Anschließend sprach der Papst kurz und herzlich mit jedem Familienmitglied.) Das Gespräch im Anschluß an die Überreichung des Beglaubigungsschreibens im Herbst 1987 benutzte ich dazu, um mich vorzustellen. Aus den Reaktionen des Papstes blieb mir vor allem in Erinnerung, wie sehr er den europäischen Charakter Polens unterstrich. Polen – so sagte er, mit dem Knöchel des Zeigefingers auf den Schreibtisch klopfend – sei das Herz, geographisch auch die Mitte von Europa.

Die Zeremonie bei der Überreichung des Beglaubigungsschreibens eines Botschafters im Vatikan ist familienfreundlicher als in jedem anderen Regierungszentrum der Welt. Auch meine Frau und meine beiden Töchter wurden dem Papst vorgestellt. Bevor dies geschah, warteten sie mit dem Protokollchef in einem Vorraum. Als sie dort – ihre Häupter, wie im Vatikan bei solchen Gelegenheiten für Frauen üblich, mit einem Schleier bedeckt – warteten, sagte der Protokollchef zu ihnen: „Wir haben schon oft darüber gesprochen, ob nicht der alte Zopf abgeschnitten werden könne, die Übung, daß Frauen, wenn sie dem Papst entgegentreten, einen Schleier tragen. Doch – wenn ich Sie so anschaue – meine ich, der Schleier steht ihnen so gut, daß wir es doch vielleicht dabei belassen sollten." Diese Bemerkung mag vielleicht nicht jeden zufriedenstellen, der auch in solchen Äußerlichkeiten des Protokolls auf die totale Gleichstellung von Mann und Frau Wert legt. Ich zitiere sie aber deswegen, weil sie bezeichnend dafür ist, daß im Vatikan mit Protokollfragen entspannter umgegangen wird, als es zuweilen gesagt und geschrieben wird. Das anschließende kurze Gespräch der drei Damen mit dem Papst verlief so freundlich und herzlich, daß alle drei seither nur Lobesworte über diesen Papst bereit haben. So auch meine Frau, die evangelischen Bekenntnisses ist.

Ich habe nach meinem ersten Auftritt im Vatikan noch häufig deutsche Politiker, Staatsmänner bis hinauf zum Bundespräsidenten Richard von Weizsäcker, mit ihren Ehefrauen zu Audienzen beim Papst begleitet und bei Ehefrauen eine gewissen Nervosität festgestellt, ob ihre Kopfbedeckung den im Vatikan herrschenden Erwartungen entspreche. Man fragte mich: „Reicht dieser Schleier?" oder: „Kann ich nicht auch mit Hut kommen?" Ich erwiderte stets: „Gehen Sie doch zum Papst kopfbekleidet so, wie Sie sich wohl fühlen, mit Schleier, mit Hut oder ganz ohne diese. Es mag hier gewisse Gepflogenheiten geben, die sich halt in der Geschichte entwickelt haben und Ausdruck von Vatikantraditionen sind. Sollten Sie sich dadurch beengt fühlen und darin nicht einordnen wollen, dann lassen Sie es doch einfach. Der Papst hat in seinem langen Leben so viele Frauen gesehen, die keinen Schleier trugen. Von den Protokolltraditionen, die es noch im Vatikan geben mag, ist er – wie er hundertfach bewiesen hat – innerlich so unabhängig, daß er Sie gerne begrüßen wird, mögen Sie Schleier, Hut oder nichts auf Ihrem Kopf tragen."

Meine Tochter Gabriele hatte zur Papstaudienz auf ihr Haar nur locker einen Schleier gelegt, was dazu führte, daß dieser, als der Papst ihr die Hand reichte, ungehorsam seitlich abrutschte. Sie gab also dem Papst die Hand und versuchte gleichzeitig, den Schleier wieder nach oben zu befördern, eine Geste, die alle Beteiligten samt dem Papst lachen ließ.

Als ich mich im Mai 1990 nach dreijähriger Tätigkeit als deutscher Botschafter beim Heiligen Stuhl vom Papst verabschiedete, dankte ich ihm für seinen Beitrag, den er zur Überwindung der Ost-West-Rivalität und der nachfolgenden deutschen Wiedervereinigung geleistet hatte, deren Kommen sich in diesem Frühjahr 1990 bereits abzeichnete. Er winkte ab und gab zu verstehen, daß er doch nur das Werkzeug einer höheren Autorität gewesen sei. Bevor ich das Büro des Papstes betreten hatte, hatte mir der für die Einhaltung von dessen gedrängtem Terminkalender verantwortliche Protokollchef zugeraunt: „Fünf Minuten – und nicht länger." Es wurde fast eine halbe Stunde daraus, was mir, als ich aus dem Büro wieder heraustrat, einen sehr kritischen Blick dieses Protokollchefs einbrachte. Ich hatte dem Papst zu Beginn der Verabschiedung gesagt, daß ich ihm nach meinen drei Jahren als Botschafter beim Heiligen Stuhl wohl einen Erfahrungsbericht schulde. Der Papst war darauf sofort eingegangen und hatte meinem Redefluß geduldig zugehört, mich sogar zum Weiterreden aufgefordert, als ich dazu ansetzte, mich eingedenk der Mahnung des Protokollchefs von ihm zu verabschieden. So war daraus eine „tour d'horizon" über Fragen der Weltpolitik geworden, vor allem über das sich damals abzeichnende Zusammenbrechen des Sowjetimperiums und die sich anbahnende deutsche Wiedervereinigung. Gegen Schluß der Unterhaltung machte der Papst, mich von der Seite lächelnd anschauend, einige entspannte Bemerkungen über Probleme des Vatikans mit deutschen Theologen. Ob seiner etwas saloppen Wortwahl erstaunt beschränkte ich mich in meiner Erwiderung auf ein: „Ja, ja, so ist es wohl." Dabei blieb es dann auch. Da es gute römische Übung ist, nach Gesprächen mit dem Papst über von ihm offensichtlich vertraulich gemachte Bemerkungen zu schweigen, möchte ich für mich behalten, was er angesprochen hatte. Dieser kurze Gesprächsteil war mir nicht mehr als eine Bestätigung seiner Souveränität, mit ernsteren Fragen der Kirche auch einmal entspannter umzugehen. Von Begebenheiten, in denen er dies unter Beweis stellte, wissen bekanntlich vor allem Journalisten zu berichten, die ihn auf seinen Reisen rund um die Erde begleitet haben.

Oder hatte der Papst mich zu einem Disput über die Meinungen deutscher vatikankritischer Theologen anregen wollen? Auch das ist auszuschließen. Die Kirche läßt sich in ihre Theologie von Politikern und Diplomaten der säkularen Welt nicht hineinreden. In ihren Beziehungen zu den modernen Verfassungsstaaten kann sie sich auf ihre Autonomie und auf die Prinzipien der Glaubens- und Gewissensfreiheit berufen, die diese Staaten zu achten haben. Das ist diesen nicht nur in den Verfassungen auferlegt; es ist auch ein Gebot der Klugheit, und die säkulare Staatenwelt tut gut daran, dies zu achten.

Wer mit dem Papst in jenen Jahren einmal sprechen oder ihn während einer seiner Auftritte in der Öffentlichkeit beobachten konnte, gewann sofort den Eindruck einer kräftigen, in sich ruhenden Persönlichkeit, die so schnell nicht umzuwerfen ist. Seine kräftige, sonore Stimme, seine robuste Statur unterstreichen dies. Wie anders konnte er auch das über alles Übliche so weit hinausreichende Maß an Verantwortung und Arbeitslast, die sein Amt mit sich bringt, tragen, dazu die Folgen des Pistolenattentates vom 13. Mai 1980, der mehrfachen Operationen, die dieses Attentat und dann noch kommende Krankheiten notwendig gemacht hatten – die ständigen Schmerzen, an denen er seither leidet. Wenn er in unseren Tagen, für jedermann sichtbar von Alter, krankheitsbedingten Leiden gezeichnet, nur mühsam Herr seiner Stimme, vor die Öffentlichkeit tritt, so ist auch dies immer noch Ausdruck eines felsenartigen Zusammenkommens von Überzeugung, Wille und einer das alles tragenden körperlichen Konstitution – einer einzigartigen, dem Tragen des schweren Petrusamtes rechten Persönlichkeit.

Eine seiner Kraftquellen ist seine Fähigkeit zur Kontemplation. Auch bei seinen Auslandsreisen, seinen Auftritten vor vieltausendköpfigen Menschenmengen, erlebt man ihn zuweilen abwesend, die Augen halb oder ganz geschlossen in sich hineinschauend. Auch dies hilft ihm, seine übermenschlich erscheinende Arbeitslast zu tragen und manche Anfeindung an sich ablaufen zu lassen.

Die Persönlichkeit von Johannes Paul II. ist aus den Feuertaufen des Ringens mit Naziterror, der kommunistischen Weltanschauungsdiktatur und den schwankenden Werteordnungen in den pluralistischen demokratischen Verfassungsstaaten herausgewachsen. Er ist durch die Schule der Wirklichkeit gegangen, von der philosophischen Schule der Phänomenologie geprägt, welche die Menschen und die Welt nach ihren äußeren Erscheinungen, Politik weniger nach deren Versprechen, sondern nach den Ergebnissen beurteilt, es also mit dem Bibelsatz hält: „An ihren Früchten werdet ihr sie erkennen." Was noch durch den weisen Spruch des Solon von Athen gestützt werden könnte, der schon im 7. Jahrhundert v. Chr. seinen Schülern riet: „Erschließe das Unsichtbare aus dem Sichtbaren." Daher der Realismus von Johannes Paul II., seine Nähe zu den Menschen, sein nie erlahmender Drang, in die Schöpfung hineinzuhorchen, nicht hineinzuschwätzen, wie es der Hang modernistischer, in abstrakten Gespinsten verhafteter Heilslehren ist. Vergleichbar ist dieser Papst nur mit großen Persönlichkeiten der jüngsten Geschichte wie Winston Churchill, Charles de Gaulle und Konrad Adenauer, die wie er gnadenlosen Realismus mit festgefügten Wertvorstellungen verbanden und daraus die Kraft schöpften, die Geschicke ihrer Völker, ja der Welt, in wahrhaft fortschrittliche Bahnen zu lenken.

Kapitel II.

Der kalte Krieg in der Sackgasse

Als die Mauer in Berlin am 9. November 1989 gefallen war, die Bilder von Deutschen aus Ost und West, die in Stunden rauschender Freude friedlich zusammenkamen, um die Welt gingen, hielt diese Welt den Atem an. Ein Jahrhundertereignis. Ein Experiment hatte sich als endgültig gescheitert erwiesen, das vor 28 Jahren, am 13. August 1961, mit dem Bau der Mauer begonnen hatte: der Versuch, einen ganzen Staat in ein Umerziehungslager zu verwandeln, um eine renitente Bevölkerung von den Segnungen des Sozialismus zu überzeugen und sie zu zuverlässigen Anhängern der Partei- und Staatsideologie, gläubigen Gefolgsleuten des Marxismus-Leninismus, zu machen. Die Legitimation dazu hatte die SED-Führung aus dem Anspruch gezogen, mittels der im Sowjetimperium herrschenden Ideologie die letzten in Geschichte und Menschheit schlummernden Wahrheiten entschlüsselt zu haben. Der Glaube „Die Partei, die Partei hat immer Recht“, trug die innere Logik in sich, die Umsetzung der Ideologie zum Wohle der Allgemeinheit mit Gewalt in die Praxis umzusetzen – so auch durch den Mauerbau. Doch inzwischen war die Wirklichkeit der Ideologie davongelaufen; die Überzeugungen, die sie getragen hatten, waren geschwunden.

Mit einem Gemisch von Hoffnung, aber auch Sorge, ob die sowjetischen Panzer nicht wieder rollen würden, schaute die Welt damals auf Berlin. Doch die Panzer kamen nicht; das Sowjetimperium zerfiel; Deutschland vereinte sich. Ein halbes Wunder war, daß all dies friedlich verlief. Hätte ein Politiker oder ein Wissenschaftler während der Jahre, die dem vorangegangen waren, vorausgesagt, daß die Mauer fallen oder so fallen werde, wie sie fiel, und daß dem eine Zeitenwende folgen werde, so hätte dies in den sich für informiert haltenden politischen und wissenschaftlichen

Kasten kaum mehr als ein müdes Lächeln hervorgerufen. Laut der vorherrschenden Meinung war die Mauer eine feste Größe, mit der noch lange zu rechnen sein werde, und die Wiedervereinigung „eine Angelegenheit des nächsten Jahrtausends". Konkrete Pläne, was nach einem Zerfall des Sowjetimperiums zu tun sei, und wie mit einer Wiedervereinigung umzugehen sei, lagen in keiner Schublade bereit. Die Geschichte hatte wieder einmal bewiesen, daß sie voller Phantasie ist und daß die menschengemachte Politik eben immer Schwierigkeiten hat, in ihr mitzurudern.

Es war die Geschichte der immer tiefer und breiter werdenden Kluft zwischen den Anspüchen einer Doktrin, den Versprechen, die sie den Menschen gemacht hatte, und den Wirklichkeiten, die daraus geworden waren – einer Kluft, die sich schließlich so tief und breit vor aller Augen aufgetan hatte, daß sie von den Wirklichkeiten zugedeckt wurde und die Doktrin sich in ein Nichts auflöste. Die Wahl von Johannes Paul II. fiel nicht von einem heiteren Himmel auf eine heitere Erde. Der Himmel war krisenverhangen. Jeder Fehltritt in der Politik der beiden, die Weltpolitik beherrschenden Supermächte barg die Gefahr in sich, die Menschheit in Abgründe zu stürzen. Im Sowjetimperium bewegte sich nicht mehr viel. Alles war auf den Erhalt des Bestehenden abgestellt. Die Politik hatte gelernt, mit dem umzugehen. Von „Krisenmanagement" war viel die Rede, von der Beseitigung der Ursachen der Krisen weniger.

Begonnen hatte alles mit dem Zerfall der Anti-Hitler-Koalition nach dem für diese siegreich beendeten Zweiten Weltkrieg und dem, was Churchill schon 1946 das Niederlassen des „Eisernen Vorhangs" quer durch Europa bezeichnet hatte: östlich davon die Bildung des Blocks unter Führung der Sowjetunion, die ihr System den von der Roten Armee eroberten Staaten Mittel- und Osteuropas gewaltsam auferlegt hatte – westlich davon die Staaten, die sich die „freie Welt" nannten, unter Führung der USA. Die daraus entstandene Ost-West-Rivalität beherrschte fast ein halbes Jahrhundert die Weltpolitik. Eine Folge von Krisen und Entspannung.

Noch zu Stalins Zeiten 1947/48 die Unterbindung der Landzugänge nach Berlin durch die Sowjetarmee, vereitelt durch die „Luftbrücke“ der Westalliierten und den Widerstand der Westberliner. Nach Josef Stalins Tod zunächst eine Annäherung von Ost und West. Nachdem dessen Nachfolger Nikita Chruschtschow im Kreml fest im Sattel saß, die Sowjetunion die USA in der Atomwaffentechnik eingeholt und, wie es schien, in der Raumfahrt überholt hatte, folgte der wohl gefahrvollste Abschnitt der Ost-West-Rivalität: die sich jahrelang hinziehenden Drohungen und Verlockungen der Sowjetunion, die darauf zielten, die Westalliierten aus Berlin zu vertreiben, und schließlich im Oktober 1962 die Kubakrise, die Ost und West an den Rand eines Atomkrieges führte. Erst nachdem der unberechenbare Chruschtschow von seinen Genossen im Kreml abgelöst und Leonid Breschnew ihm nachgefolgt war, gelang es, die Rivalität in ruhigere Gewässer zu steuern.

Deutschland: Gegenstand der Begierden von Ost und West

Die deutsche Frage hatte in der Entwicklung, die zum Zerfall des Sowjetimperiums hinführte, zentrale Bedeutung. Deutschland war Objekt der Weltpolitik: Gegenstand der Begierden von Ost und West. Doch waren die Deutschen auch Subjekt der Weltpolitik, insofern ihr politischer Wille, in welchem Lager sie Heimat finden wollten, eine Richtungsentscheidung von weltpolitischer Bedeutung war. Unter Konrad Adenauer, dem ersten deutschen Bundeskanzler, fiel diese Entscheidung.

Leitmotiv der Politik Adenauers war: Einordnung des Landes in das westliche Bündnis und die westliche Werteordnung. Modern und fortschrittlich war seine Politik bis ins Detail: Weg von einer Politik deutscher Sonderwege; weg von dem Deutschland des „Wanderers zwischen zwei Welten“; weg von der Überhöhung des Deutschen zum „Salz der Erde“. Statt dessen der Vorrang des Übernationalen vor dem Nationalen durch die europäische Einigung und die Versöhnung mit Frankreich; die Tilgung der von Bismarck dem Reich vererbten Kulturkampf-Ressentiments durch den Zusammenschluß von Protestanten und Katholiken in einer großen modernen Volkspartei; die Überwindung des Klassendenkens durch die soziale Marktwirtschaft Ludwig Erhards; ein Sozialsystem, das auf dem Prinzip einer „Solidargemeinschaft" beruhte; die Wiedergutmachung für die Verbrechen des Naziregimes. Er war ein nüchterner Realist, der die Menschen und die Dinge der Welt so nahm, wie sie nun einmal sind. Gleichwohl war er kein voraussetzungsloser, wertfreier Pragmatiker, sondern ein Visionär, ein Träger von Überzeugungen zu der Natur und der Berufung des Menschen, die ihm aus seinem Glauben und seinen reichen Lebenserfahrungen zugewachsen waren – Überzeugungen, an denen er unerschütterlich gegen alle Ergebnisse von Meinungsumfragen und Bocksprüngen von Zeitgeistern festhielt. Dies machte ihn zu dem größten deutschen Staatsmann des 20. Jahrhunderts, der unser Land aus dunklen Zeiten in eine bessere Zukunft führte.

Der durch Adenauer zu Politik gewordene Wille der Mehrheit der Westdeutschen, Aufnahme in das westliche Lager zu finden, war die politisch-strategische Grundentscheidung, die von damals an die Zukunft orientierte. Nur so konnte sich im Westen des Landes ein demokratisches, freies, wirtschaftlich gesundes Gemeinwesen entfalten, das ab 1989 zur Heimat für die Freiheit aller Deutschen wurde. Ohne den Adenauer von 1949 kein 1989. Ohne Adenauer auch nicht das Deutschland von heute: seine Mitgliedschaft in der Nato, der Fortgang der europäischen Einigung, die deutsch-französische Partnerschaft. Es lohnt sich, in Adenauers Memoiren nachzulesen, wie er das Verhältnis seiner Westpolitik zu den Möglichkeiten der Wiedervereinigung damals sah.

„Es war und ist richtig, daß die Wiedervereinigung in Freiheit nur mit Zustimmung der vier Alliierten, also auch mit Zustimmung Sowjetrußlands, erfolgen konnte. Ich war der Auffassung, daß es klug wäre, wenn man sich ... zunächst die Hilfe von wenigstens drei der vier Großmächte sicherte ... Ich hoffte, daß es möglich sein würde, im richtigen Augenblick mit Sowjetrußland an den Verhandlungstisch zu kommen, wenn wir die Hilfe dieser drei Mächte hätten. Keiner glaubte wohl ehrlich, daß die Sowjetunion aus sich heraus die Sowjetzone freigeben würde ... Ich war der Auffassung, daß Sowjetrußland, wenn es sich davon überzeugte, daß infolge des Abschlusses der Europäischen Verteidigungsgemeinschaft seine Politik, im Wege des Kalten Krieges – im vorliegenden Falle zunächst durch Neutralisierung – die Bundesrepublik zu bekommen, keinen Erfolg mehr versprach, diese neu geschaffene politische Situation beachten und seine Politik dementsprechend einstellen würde ... Ich wußte, daß die Männer und Frauen in der Sowjetzone diese Auffassung teilten. Ich wußte, daß sie den von uns eingeschlagenen Weg als den einzigen Weg betrachteten, der auch sie eines Tages aus ihrer Not herausführte" (Konrad Adenauer, Erinnerungen, 1965, S. 548).

Es dauerte lange, bis es so kam. Doch es kam so. Aber: Für einen Westler war dies damals und ist es auch heute noch eine gute Wahrheit; für die Bewohner des Ostens unseres Landes war dies damals und war dies bis 1990 eine bittere Wahrheit. Denn ihnen brachten die Jahre unter dem Sowjetsystem Unfreiheit und wirtschaftliche Stagnation. Dennoch bleibt es Wahrheit. Nicht nur für die Schaffung der Fundamente unseres Staates, den Wiederaufbau nach der Hitlerkatastrophe, sondern auch für die Wiedervereinigung des Landes nach vierzigjähriger Teilung gilt: Im Anfang war Adenauer.

Die deutsche Ostpolitik

Nachdem Ost und West während der Kubakrise an die Grenzen ihrer Machtmöglichkeiten gestoßen waren und gelernt hatten, mit diesen vorsichtiger umzugehen, konnte sich die Politik, seither „Ostpolitik" genannt, dem zentralen Thema der Rivalität zuwenden: der Deutschlandfrage. Dies geschah durch die aus den Wahlen vom 28. September 1969 hervorgegangene sozial-liberale Koalition, die Regierung Brandt/Scheel, welche der vorangegangenen Dauerherrschaft von CDU/FDP-Regierungen ein Ende bereitet hatte. Die Ostpolitik der neuen Regierung erschien damals vielen als etwas ganz Neues, als eine radikale Kehrtwendung. Von den Ergebnissen her war diese in der Tat spektakulär: ein großes, zwischen 1970 und 1972 geschnürtes Paket aus Gewaltverzichtsverträgen mit der Sowjetunion und anderen Staaten des Warschauer Paktes, dem Viermächteabkommen über Berlin, Auftragsverhandlungen zwischen Bundesregierung und DDR über die zivilen Verkehrswege, Grundlagenvertrag zwischen Bundesrepublik Deutschland und DDR, Aufnahme beider deutscher Staaten in die Vereinten Nationen (UN), Eintritt der DDR in die Völkerrechtsgemeinschaft durch Aufnahme diplomatischer Beziehungen zu Drittstaaten. Zwar gab es noch Einschränkungen und Sonderheiten. Bundesrepublik Deutschland und DDR (so sagte jedenfalls Bonn) waren einander kein Ausland, hatten nur staatsrechtliche, keine völkerrechtlichen Beziehungen. Es blieb (ebenfalls nach Bonner Auffassung) bei der einheitlichen deutschen Staatsangehörigkeit. Was den Personalstatus seiner Bürger anging, blieb Deutschland danach also ungeteilt. Zudem hatte die Bundesregierung in dem während des Vertragsprozesses in Moskau überreichten sogenannten „Brief zur deutschen Einheit" klargestellt, daß ihre Vertragspolitik „nicht im Widerspruch zu dem politischen Ziel ... stehe, auf einen Zustand des Friedens in Europa hinzuwirken, in dem das deutsche Volk in freier Selbstbestimmung seine Einheit wiedererlangt."

Die Ostverträge waren eine notwendige Anpassung der Politik der Bundesrepublik Deutschland an die Weltlage, wie sich diese seit dem Mauerbau in Berlin und der Kubakrise entwickelt hatte. Sonst nichts. Dennoch war es ein mutiger Schritt. Die Lage in und um Deutschland beruhigte sich, entkrampfte sich. Die Welt bewertete dies als einen Beitrag zum Frieden, belobigte dies; das norwegische Nobelkomitee gab Brandt seinen Friedenspreis. Die in den ersten Nachkriegsjahrzehnten in allen Ost-West-Verhandlungen präsent gewesene Frage der Wiedervereinigung Deutschlands im Wege freier Wahlen wurde von den Ost-West-Gesprächen abgekoppelt, der Status quo in der Deutschlandfrage und in Europa also vorläufig hingenommen. Ostpolitik (richtig verstanden) war ein kluges Innehalten nach dem Prinzip „Kommt Zeit, kommt Rat." Mehr war sie nicht.

Denn jedermann, dessen politische Fähigkeiten sich nicht darauf beschränkten, schönen Illusionen anzuhängen, wußte, daß mit dieser Politik der Kern der Probleme nicht aufgelöst war. Es ging ja nicht nur darum, Friedensliebe zu zeigen. Es ging vor allem darum, die Ursachen für die Gefährdung des Friedens zu beseitigen. Kein Stück Papier konnte damals die Mauer in Berlin, den Eisernen Vorhang quer durch Europa und die sowjetische Hochrüstung beseitigen. Kein Papier konnte etwas über die innere Festigkeit der Regime im Osten sagen, vor allem nicht über das Regime der DDR. Solange es die Mauer gab, lieferte diese den täglichen Beweis, daß dem DDR-Regime die Legitimation durch Zustimmung seiner Bürger fehlte. Denn sonst hätte es diese ja nicht einzusperren brauchen. Hundertmal konnte man von „Normalisierung" sprechen, Verträge, die eine solche zum Ziel hatten, schließen. Solange diese faktische Situation bestand, war die Lage in Deutschland nie „normal". Verständlich war es daher, daß über die Ostverträge ein heftiger innenpolitischer Streit entbrannte. Die CDU/CSU-Opposition unter Rainer Barzel hielt der Regierung ein „so nicht" entgegen (was auch in ein „ja aber" übersetzt werden konnte).

Auch unter den Mitgliedern der Regierung Brandt/Scheel gab es unterschiedliche Akzente, was die Bewertung der Ostverträge anging. Anfang 1970 war ich als Protokollführer im Kabinett Zeuge der Diskussionen innerhalb der Bundesregierung, die sich an einen Bericht von Egon Bahr über seine ersten Moskauer Sondierungsgespräche anschlossen. Historiker, die später einmal in den Akten der Bundesregierung forschend nach Aufschlüssen über die Politik der damaligen Zeit suchen sollten, werden darin wenig finden. Das

Kabinettsprotokoll beschränkt sich auf den einzigen Satz, daß eine gründliche Diskussion aller schwebenden Fragen stattgefunden habe. Der Meinungsaustausch, den ich miterlebte, war aber sehr aufschlußreich. Zwar gab es keinen klaren Widerspruch gegen die sich aus dem Bericht von Bahr abzeichnende Konzeption. Dennoch gab es eine Gruppe am Kabinettstisch, die dieser deutlichst Grenzpfähle einzuschlagen suchte. Georg Leber, damals Verkehrsminister (später sollte er noch ein angesehener Verteidigungsminister werden), war der erste, der sich in diesem Sinne zu Wort meldete. Er wolle, so sagte er, der neuen Politik nicht widersprechen. Doch dürfe diese nicht aus den Gefühlen des Augenblicks beurteilt werden, sondern danach, wohin sie führen werde. Lebhaft meldete sich daraufhin Helmut Schmidt, der spätere Bundeskanzler, zu Wort: „Wir dürfen niemals die Einheit der Nation aufgeben. Tun wir dies, wird eines Tages die DDR die Idee der Einheit der Nation wieder aufgreifen und politisch gegen uns verwenden." Hans Dietrich Genscher, damals Bundesinnenminister, fügte ebenso lebhaft hinzu, daß durch etwaige Vertragsschlüsse Zukunftsoptionen in der Deutschlandfrage nicht verbaut werden dürften. Aus diesen Gründen dürfe auch die DDR-Staatsbürgerschaft von uns niemals anerkannt werden. Durch Schmidt und Genscher meldeten sich also schon in dieser Eröffnungsphase der Ostpolitik der sozialliberalen Koalition die Denkweisen zu Wort, die während der nachfolgenden Regierung Schmidt/Genscher die Oberhand gewannen, das Verhältnis zu dem Sowjetimperium nüchterner und realistischer einschätzten und vor allem unter dem Einfluß von Genscher dem „Offenhalten" der deutschen Frage einen höheren Rang einräumten, als dies zuvor der Fall gewesen war.

Aufschlußreich und auch reizvoll zu beobachten waren die Reaktionen von Herbert Wehner, der als Vorsitzender der SPD-Bundestagsfraktion zu der Sitzung zugeladen war. Er sagte kein Wort. Die Art und Weise, wie er jedoch die Diskussionen verfolgte, mal heftig an seiner Pfeife ziehend, mal den Kopf ruckend, blitzend einen der Diskussionsteilnehmer fixierend, sagte mehr als Worte. Ich hatte den Eindruck, daß es in ihm gährte und rumorte, daß er mit seinem Urteil vielleicht noch nicht so ganz fertig war und deswegen nicht so leichthin das Wort ergreifen wollte, wie dies durch einzelne Kabinettsmitglieder geschah, die sich in ihren Äußerungen ersichtlich auf eine Oberflächenbewertung der Probleme beschränkten.

Mit den Ostverträgen begann ein neuer, damals noch ganz ungewisser Abschnitt deutscher Politik, der noch einmal fast zwanzig Jahre dauernd sollte. Einen „Wandel durch Annäherung" hatte Egon Bahr schon in seiner Rede in der Evangelischen Akademie Tutzing am 15. Juli 1963 gefordert. Doch was für ein Wandel sollte dies sein? Sollte das System im Osten sich ändern? Sollten wir uns ändern? Sollten beide sich ändern und dergestalt Deutschland sich dazwischen wieder einmal als „Wanderer zwischen zwei Welten" auf einen „Dritten Weg" begeben? Wie schwierig es sein würde, solche Mittelwege einzuhalten, hatte sich ja schon gezeigt, als die Sowjetunion 1968 den Versuch eines Reformkommunismus durch Alexander Dubcek in der CSSR, der Verbindung von Freiheit und Sozialismus, den „Prager Frühling", im Ansatz mit ihren Panzern niederwalzte. Viele offene Fragen blieben also. Was konnte auf dem Altar der Entspannung geopfert werden, ohne die Lage noch schlimmer, noch hoffnungsloser zu machen? Hoffnungsloser auch für die jenseits des Eisernen Vorhangs lebenden Deutschen? Mußte nicht unser eigenes politisches System Schaden erleiden, wenn Wertvorstellungen, die zu unseren unverrückbaren Prinzipien gehörten, der Entspannung wegen geopfert wurden?

Zudem ließen sich die Motive und Erwartungen, die mit dem Schluß der Ostverträge verbunden waren, nicht auf einen Nenner bringen. Sowjetunion und DDR hielten die deutsche Frage für gelöst. Auch mancher im Westen glaubte, die lästige deutsche Frage endgültig los zu sein. Aus nur nationaler Sicht war dies für westliche Nachbarn sogar verständlich. Denn mit zwei deutschen Staaten lebte es sich ja bekanntlich leichter als mit dem einen größeren Deutschland. Auch bei uns im Lande gab es dafür viel Zustimmung. Manch gutbürgerlicher „Realismus" glaubte sich nunmehr ungestörter den eigenen Geschäften widmen zu können und der unbequemen Fragen enthoben, wie es denn wohl um die Deutschen jenseits der Mauer bestellt sei. Das linke deutsche Spektrum spendete Beifall wegen der ideologischen Aufwertung, die das ach so arg verkannte DDR-Regime und die im sozialistischen Lager herrschende Werteordnung erfuhren.

Während der zwanzig Jahre zwischen den Ostverträgen der Regierung Brandt/Scheel und den Wendejahren 1989/90 bin ich im Ausland hundert und mehr Male gefragt worden, wie es denn um die deutsche Wiedervereinigung bestellt sei – so oft, daß ich mir eine Art stereotype Antwort dafür zurechtgelegt hatte. Und die lautete: „Erstens weiß ich nicht, wann und unter welchen Umständen diese Frage sich wieder stellen wird. Die Geschichte ist aber so voller Phantasie, daß dies jederzeit geschehen kann, vielleicht auch rascher, als wir es für möglich halten. Zweitens ist die Lage in Deutschland und Europa so lange nicht normal, wie Mauer und Eiserner Vorhang bestehen. Sollten diese einmal fallen und die DDR gleichwohl bestehen bleiben, müßte die deutsche Frage neu durchdacht werden. Davon sind wir aber weit entfernt."

Doch wie immer man die deutsche Politik jener Jahre beurteilt, es bleibt doch festzuhalten: Der Kommunismus ist nicht an deutscher Ostpolitik zugrunde gegangen, sondern weil sich die sozialistische Idee vor der Wirklichkeit als schlimmer Irrtum erwiesen und im Wettbewerb mit der demokratischen Idee den kürzeren gezogen hatte. Der Kommunismus ist an sich selbst zugrunde gegangen, an den ideologischen Irrtümern, die ihm immanent waren. Die Lösung der Deutschlandfrage hing nicht in erster Linie davon ab, was die Politik dazu dachte, sagte oder tat. Sie hing ab von der Festigkeit der kommunistischen Idee – davon, was diese an materiellen Wirklichkeiten hervorgebracht, was sie ideell in den Herzen und Seelen der Menschen ihres Herrschaftsbereiches zum Schwingen gebracht hatte. Schwand diese Idee dahin, dann stellte sich auch die Deutschlandfrage neu. So kam es dann auch.

Verhandeln ist besser als einander bedrohen

Nachdem die USA und die Sowjetunion während der Kubakrise gelernt hatten, respektvoller miteinander umzugehen, durch die Deutschland betreffenden Ostverträge die Lage in Zentraleuropa sich ruhiger darbot, begann der letzte, der Verhandlungs- und Gesprächsabschnitt im „Kalten Stellungskrieg". Ein großer Fortschritt: Denn miteinander zu reden ist immer besser als zu drohen und Gefahr zu laufen, aufeinander zu schießen. Es gab kein Gebiet zwischenstaatlicher Beziehungen, über das nicht verhandelt wurde. Spektakulär waren die nie enden wollenden Abrüstungsgespräche für alle Waffenarten, von den strategischen Nuklearwaffen bis zu den konventionellen Streitkräften – bilateral zwischen USA und UdSSR –, multilateral bis in den UN-Rahmen. So sehr über Abrüstung geredet wurde, so gab es in der Wirklichkeit leider immer noch mehr Aufrüstung als Abrüstung. Das war auch so lange verständlich, wie nur über die Symptome der Rivalität geredet wurde, nicht aber über deren Ursachen.

Ost oder West hegten keine konkreten militärischen Angriffsabsichten gegeneinander. Im Gegenteil: Seit der Kubakrise vermieden sie, in Konflikte zu geraten, deren Lösungen nur gewaltsam hätten sein können. Die Bedrohung ergab sich aus der gesamtpolitischen Situation. Den Ostblockführern war die Existenz der Nato, waren die politischen, wirtschaftlichen und sozialen Verhältnisse in der westlichen Welt ein Dorn im Auge. Die westlichen Medien trugen die Nachrichten von diesen Lebensverhältnissen über den Eisernen Vorhang. Dort gab es Unruhe, Aufbegehren, das prinzipielle Infragestellen des kommunistischen Systems. Das war für die Sowjetführer die westliche Bedrohung. In den westlichen Hauptstädten, im Nato-Hauptquartier konnte die Möglichkeit nicht ausgeschlossen werden, daß im Osten wegen der Schwäche des dort herrschenden Systems die Versuchung wachse, in einer Kurzschlußreaktion die westlichen Übel „an der Wurzel zu fassen". Die sowjetische Überrüstung war nicht die Folge eines militärischen Übermutes, des Gefühles der Überlegenheit, sondern

Ausfluß eigener gesamtpolitischer Schwäche, die durch militärische Übermacht ausgeglichen werden sollte.

Gelegenheit, den Ursachen der Spannungen auf den Grund zu gehen, bot eine bis dahin beispiellos gebliebene Verhandlungsebene, eine ganz neue Art von West und Ost, aufeinander zuzugehen: die Konferenz für Sicherheit und Zusammenarbeit in Europa, die KSZE. Der Konferenzgedanke ging auf sowjetische Vorschläge zurück, die bereits seit den 50er Jahren auf dem Tisch lagen. Diese hatten ursprünglich das Ziel, die USA und Kanada aus dem europäischen Geschehen herauszudrängen. Die Sowjetunion hatte einmal davon geträumt, ihr regionales Übergewicht in einer ganz auf die Europäer beschränkten Konferenz ausspielen zu können. Sie stimmte dem Hinzutreten der USA und Kanada aber zu, nachdem keine der westeuropäischen Regierungen einen Hauch von Zustimmung zu ihrer Konzeption hatte erkennen lassen, und nachdem sie sich auch mit dem Gedanken einer gemeinsamen Weltverantwortung mit den USA in einer „bipolar world" angefreundet hatte.

Von einer Vorkonferenz in Helsinki im Juli 1973 eingesetzte Kommissionen hatten in einem mühsamen Verhandlungsmarathon den Entwurf der KSZE-Schlußakte vorbereitet, die am 1. August 1975 von Vertretern von 35 Staaten unterzeichnet wurde. Kein völkerrechtlicher Vertrag war dies, sondern eine Anhäufung von Absichtserklärungen von hohem moralisch-politischem Rang, eine Art „Magna Charta", eine Festschreibung von Prinzipien, wie Ost und West künftig in ihren Beziehungen miteinander umgehen wollten. Was es dabei zu beachten galt, war in drei sogenannten „Körben" eingesammelt worden: vertrauensbildende Maßnahmen im Militärischen, sodann Wirtschaft, Wissenschaft und Technik sowie schließlich humanitäre und andere Bereiche. Da die Prinzipien der Schlußakte universelle Geltung für die Konferenzteilnehmer haben sollten, boten sie diesen in der Praxis auch die Möglichkeit, sich mit internen Vorgängen in anderen Teilnehmerstaaten zu befassen, so vor allem in den „humanitären Angelegenheiten“. Die Konferenzteilnehmer konnten also einander kritische Fragen dazu stellen: „Wie hältst du es mit deinen Bürgern?“, was dann auch während der KSZE-Konferenzen, die der Unterzeichnung der Schlußakte noch folgten, weidlich geschah und von den kommunistisch beherrschten Staaten als zunehmend lästig empfunden wurde.

Nicht nur die Nato-Staaten und die Staaten des Warschauer Paktes saßen mit am Konferenztisch. Auch die europäischen Neutralen: Schweden, Österreich und Finnland waren dabei. Und es gab einen Vertreter des Heiligen Stuhls, des Papstes also. Der Grundsatz aller päpstlichen Diplomatie, den Frieden zu fördern, immer und immer auf Verhandlungen und Gespräche zu setzen, fand in der KSZE ein dem eigenen Selbstverständnis vollkommen entsprechendes Forum. Für den Vatikan war die Durchsetzung der Forderungen nach Gewährung von Freiheits- und Menschenrechten, die Verhandlungsmaterie aus Korb III, von zentraler Bedeutung. Bereits 1965 hatte das Zweite Vatikanische Konzil in der Erklärung „Dignitatis humanae“ das „Recht auf religiöse Freiheit“ zu einem Prinzip des römisch-katholischen Selbstverständnisses erhoben. Die Erklärung war schon damals als ein entscheidender Schritt auf dem Weg der Öffnung der Kirche in die Welt verstanden worden. Das Konzil hatte es der Kirche ermöglicht, die Forderung nach Religionsfreiheit zu einer Losung zu machen, mit welcher der kommunistischen Geistesdiktatur gemeinsam mit den westlichen Staaten entgegengetreten werden konnte. Ohne das Konzil hätte der KSZE-Prozeß nicht die Wirkung entfalten können, die er in den Folgejahren in der Ost-West-Rivalität hatte. Erzbischof Achille Silvestrini, der Vertreter des Vatikans in der Konferenz, konnte nach der Unterzeichnung der Schlußakte von Helsinki mit einem gewissen Stolz feststellen, daß der Vatikan in der Konferenz alle seine Forderungen durchgesetzt hatte. Nicht nur eine enge Zusammenarbeit, sondern fast einen Schulterschluß hatte es zwischen den Forderungen der westlichen Staaten zu Korb III der Schlußakte und den Anliegen des Vatikans gegeben. Der westlichen Welt ging es um demokratische Freiheiten und Selbstbestimmung; der Kirche ging es um Glaubensfreiheit, Gewissensfreiheit. Diese aber sind der harte Kern der demokratischen Freiheiten. Ohne Glaubens- und Gewissensfreiheit gibt es keine Demokratie.

Für den Vatikan lag die Teilnahme an dem KSZE-Prozeß auf der Linie einer Politik, die er schon mehr als ein Jahrzehnt zuvor eingeleitet hatte und seither als „vatikanische Ostpolitik“ mit dem Namen von Agostino Casaroli, des langjährigen Verhandlungsführers des Vatikans mit den Ostblockstaaten und späteren Kardinalstaatssekretärs, verbunden gewesen war. Ziel war es, im Wege einer geduldigen Vertragspolitik eine Verbesserung der Wirkungsmöglichkeiten der Ortskirchen zu erreichen. Zwischen zwei Polen hatte sich diese Politik bewegt: einerseits stete Gesprächs- und Verhandlungsbereitschaft, andererseits keine Kompromißbereitschaft in den Kernfragen des Glaubens. „Wir würden auch den Mut haben, mit dem Teufel in Person zu verhandeln“, hatte schon Pius XI., der Papst der 20er und 30er Jahre, gesagt. Je härter der Kreml seine Doktrin vertrat – je brutaler Andersdenkende im Sowjetimperium verfolgt worden waren, um so geringer die Gesprächsmöglichkeiten des Vatikans. Er mußte sich der Entwicklung anpassen, wie diese nun einmal stattfand. Lockerten sich im Sowjetimperium die Griffe von Partei- und Staatsmacht, gab es zwischen Ost und West ein Tauwetter, dann öffnete sich auch für den Vatikan ein Spalt in der Tür für einen Dialog mit den Kremlherrn. So begann für die päpstliche Diplomatie ein neues Kapitel, nachdem Johannes XXIII. am 7. März 1963 Alexej Adschubej, den Schwiegersohn von Chruschtschow, samt Ehefrau, der Chruschtschow-Tochter also, in Privataudienz empfangen und jener einen Rosenkranz geschenkt hatte. Erst von diesem Zeitpunkt an konnte Casaroli, konnten später dann seine Mitarbeiter mit mehr Erfolgsaussichten zu den Hauptstädten des Ostblocks aufbrechen, um in geduldigen und zähen Verhandlungen ihren Zielen näherzukommen. Geduld und diplomatisches Geschick hatten Casaroli wenig später die ersten Erfolge eingebracht, so ein Übereinkommen mit Ungarn am 9. Mai 1963, aufgrund dessen vier ungarische Bischöfe ihnen von der Regierung zudiktierte Zwangsaufenthalte verlassen und sich wieder zu ihren Gläubigen begeben konnten. Eine noch grundsätzlichere Verständigung, bei der es vor allem um Modalitäten bei Bischofsernennungen ging, folgte im September 1964. Sperrige Hindernisse waren aus dem Weg geräumt worden: wiederum in Ungarn im Jahre 1971 die Überredung von Kardinal Jozsef Mindszenty, die amerikanische Botschaft zu verlassen, auszureisen und auf seine Amtsausübung zu verzichten – die Botschaft also zu verlassen, in die er sich 1956 vor den in Ungarn eingerückten sowjetischen Truppen geflüchtet hatte. In Rom hatte sich die Meinung festgesetzt, daß eine Politik des vorsichtigen Zugehens auf die kommunistischen Machtzentralen des Ostblocks zu einer Aufweichung von deren Religionspolitik führen und so dem pastoralen Wirken der jeweiligen Ortskirchen zugute kommen würde. Auch Johannes Paul II. führte die KSZE-Politik seiner Vorgänger im Prinzip fort. Allerdings hatte er eine wirklichkeitsnähere Sicht von der inneren Festigkeit des sowjetischen Machtimperiums. Deswegen hielt er im Gegensatz zu seinen Vorgängern nichts davon, den sowjetkommunistisch regierten Staaten zu weit entgegenzukommen.

In Rom konnte ich beobachteten, wie die Abgesandten des Heiligen Stuhls mit den mächtigen Herrn der kommunistisch regierten Staaten Mittel- und Osteuropas umgingen. Da fuhr z. B. der vom Papst für die Verhandlungen des Vatikans mit diesen Staaten ernannte Sondernuntius, Erzbischof Francesco Colasuonno, einer der Spitzendiplomaten des Vatikans, regelmäßig nach Osten, in der Regel ganz alleine. Der Stab, über den er in Rom, im Staatssekretariat des Heiligen Stuhls, verfügte, bestand aus einem einzigen Mitarbeiter, dem amerikanischen Pater Bukowski. Seine Gegenspieler waren Heerscharen von Beamten, Parteifunktionären und Spitzeln der kommunistischen Herrschaftssysteme. So gab es in der Prager Regierung eine ganze, von einem Herrn Janku geleitete Abteilung im Kulturministerium, die Kirchenabteilung, die nur die eine Aufgabe hatte: die Gläubigen, Bischöfe und Priester zu überwachen und von dem schädlichen Einfluß des Vatikans abzuschirmen. In den anderen Ostblockstaaten war es kaum anders. In Rom fragte ich einmal Colasuonno, wer denn wohl bei solchen Zusammentreffen der nervösere gewesen sei: er mit seinem Zwei-Mann-Stab oder Janku mit seinem Heer von Beamten, Polizisten und Spitzeln. Er lachte und erwiderte: „Natürlich Janku, der argumentierte immer nur aus einer Verteidigungshaltung."

Im KSZE-Prozeß saßen nicht nur die Politiker und Diplomaten am Konferenztisch; die Systeme selbst saßen dort. Mehr noch: die Schicksale, Lebensweisen, Wünsche, Hoffnungen, Ängste der Menschen diesseits und jenseits des Eisernen Vorhanges saßen dort. Im Westen herrschte jenes merkwürdige, immer unfertige Herrschaftsmodell, das wir Demokratie nennen, jenes nimmer endende Streiten und Ringen um gute Mittelwege zwischen Freiheit und Gemeinwohl. Demokratische Verfassungen schützen nicht nur die Freiheit des Bürgers im Inneren des Staates, sondern auch über die Grenzen hinaus. Auswärtige Beziehungen sind danach nicht mehr nur die Beziehungen zwischen den Regierenden, sondern auch die zwischen den Völkern. Für die westliche Staatenwelt war es selbstverständlich, daß sich ihre Bürger frei in der Welt bewegen konnten, als Touristen, als neugierige Journalisten und Forscher, als Träger von Ideen und Meinungen.

Das Selbstverständnis der kommunistisch regierten Staaten, die am Konferenztisch saßen, war dem vollkommen entgegengesetzt. In diesen herrschte ein sich für perfekt haltendes, aus der Logik der Geschichte (wie gesagt wurde) herausgewachsenes System, in dem alles (wie gehofft wurde) seinen wohlgeordneten Gang gehen sollte. Die Macht lag bei einer Parteinomenklatura, die ihre Herrschaft von dem Wahrheitsmonopol der marxistisch-leninistischen Ideologie ableitete. Nicht die Idee der Volkssouveränität, nicht Parlamente oder Regierungen herrschten im Sowjetimperium. Die Macht lag bei der KPdSU. Nach dem Prinzip des „demokratischen Zentralismus" war die Volksmacht an die Spitzengremien der Partei „delegiert", an höchster Stelle angesiedelt bei deren Generalsekretär. Dies galt in allen (theoretisch noch unabhängigen) Sowjetrepubliken. Diese mochten eigene Parlamente und Regierungen haben. Doch lag die Macht bei den in diesen von der Zentrale in Moskau eingesetzten Sekretären der KPdSU. Der in der Verfassung festgeschriebene Machtvorrang der Partei bildete die faktische staatliche Klammer, die alles zusammenhielt: so auch die kolonialistischen Eroberungen, die zuvor dem Zarenreich seine riesige Ausdehnung weit hinaus über die Grenzen des Russentums gegeben hatten. Alle Sektionen des inneren Lebens im Sowjetimperium waren nicht frei, sondern dem politisch-ideologischen System untergeordnet. Freiheit über die Grenzen gab es nicht. Die Grenzen waren zu Schutzwällen umfunktioniert, um die dahinter lebenden Bürger vor verderblichen äußeren Ansteckungsgefahren zu schützen.

Unterschwellig hatte sich dem allerdings noch anderes beigemischt, so stolze Erinnerungen an die raumgreifenden Erfolge des zaristischen Imperialismus und Kolonialismus, der die russische Herrschaft bis an den Pazifik, die Grenzen Chinas, die südöstliche muslimische Staaten- und Stammeswelt ausgedehnt hatte. Im Befreiungskampf gegen die Invasion der deutschen Armeen im Zweiten Weltkrieg, dem „Großen Vaterländischen Krieg", hatte sich das russische Nationalgefühl der Herrschaft der KPdSU zugesellt. Die wissenschaftlichen Errungenschaften in der Raumfahrt, „Sputnik" und anderes, die Hochleistungen sowjetischer Sportler, hatte das Regime der Weisheit der eigenen Führung zugeschrieben. Die Wahrheitsansprüche der in Moskau herrschenden marxistisch-leninistischen Doktrin lagen zudem in einer gewissen historischen Kontinuität mit früher einmal während der Zarenherrschaft und der diese abstützenden Orthodoxie gängig gewesenen Vorstellungen von Moskau als dem „dritten Rom". Der Mönch Philotheos aus Pskow (Pleskau, nahe der estländischen Grenze) hatte schon zu Beginn des 16. Jahrhunderts, nachdem seine Stadt von dem Moskauer Großfürsten Wassili III. Iwanowitsch erobert worden war, Moskau diesen Ehrentitel zugesprochen – Moskau, welches (nachdem Konstantinopel 1453 dem Sultan Mohammed II. erlegen und in die Hände des Islam gefallen war) die Erbschaft von Byzanz angetreten habe – die Erbschaft als Stadt der geistigen Führerschaft im orthodoxen, im wahren Glauben und zugleich Mittelpunkt eines neuen, mächtigen, diesen wahren Glauben schützenden russischen Reiches. Und wenn es bei den Ideologen in der KPdSU schon einmal Tendenzen gab, sich mit der orthodoxen Kirche zu versöhnen, dann nicht um dem christlichen Glauben eine Rückkehr zu gestatten, sondern um die eigene Legitimation mit dem in Rußland immer noch lebendigen Geistesgut der Großfürsten- und Zarenzeit aufzufrischen. Ein bunter Cocktail der neuen Ideologie, vermischt mit Überliefertem, war es, der die Herrschaft der roten Zaren im Kreml abstützte. Es war aber kein Cocktail, der einen politischen Pluralismus gestattet hätte. Alles diente der Alleinherrschaft der Partei. Prinzipien wie Freiheit und Menschenrechte hatten darin keinen Platz.

Der Korb III der KSZE-Konferenzen führte zu deren Beginn fast ein Schattendasein. In der KSZE von menschlichen Erleichterungen und Menschenrechten zu reden, war wegen der monolithischen Machtstrukturen des Ostblocks wie gegen eine Wand zu sprechen. Und es gab auch im Westen die verbreitete Auffassung, daß der KSZE-Prozeß nur den Sinn habe, in das Ost-West-Verhältnis Ruhe zu bringen, also auch die schwierigen Fragen, die einen humanitär-ethischen Gehalt hatten, auszuklammern und zu vergessen, so die Teilung Europas, die Teilung Deutschlands. Manchem im Westen erschien es deswegen auch wichtiger und erfolgversprechender, über Raketen, Panzer und Wirtschaftszahlen zu reden, als das Los der Menschen hinter dem Eisernen Vorhang anzusprechen und den tieferen Gründen nachzuforschen, warum es zu dem Rüstungswahnwitz gekommen war.

Der KSZE-Prozeß war ein klassisches Lehrstück dafür, daß in einer komplexen politischen Situation nie eine Berechnung, eine Formel, eine juristische Konstruktion ausreicht, um mit der Situation fertig zu werden. Der KSZE-Prozeß war kein Terrain für die Verwirklichung abstrakter ideologischer Weltsichten, die in Geschichtsprozessen bekanntlich nur Monokausalitäten erkennen wollen, für die Gegenwart stets fertige Rezepte zur Hand haben und, was die Zukunft angeht, bei Utopien enden. Es war also weder blanker Antikommunismus gefragt, für den jeder Kommunist ein verkappter Teufel war, noch konnte die westliche Politik sich davon leiten lassen, den Herrn im Kreml jeden Wunsch von den Lippen abzulesen, darauf hoffend, daß dies der Entspannung und dem Frieden diene. Die westliche Politik durfte die Wertvorstellungen, die ihrem eigenen, freiheitlich-demokratischen Verständnis zugrunde lagen, nicht verleugnen.

Dies war aber nicht alles. Es ging auch um Frieden, um Zusammenarbeit, um menschliche Erleichterungen. Erst die Kombination dieser verschiedenen, Widersprüche und Zielkonflikte nicht scheuenden Haltungen brachte den Erfolg. Sichtbarster Ausdruck dieser auf mehreren Geleisen laufenden westlichen Politik war der auf Vorschlag von Bundeskanzler Helmut Schmidt von der Nato am 12. Dezember 1979 verabschiedete sogenannte Nato-Doppelbeschluß, der eine die sowjetische Überrüstung im Bereich der Mittelstreckenraketen beseitigende Verhandlungslösung forderte, für den Fall des Scheiterns aber ein westliches Nachziehen in der Rüstung androhte. Die Diskussion darüber erschütterte die Öffentlichkeit unseres Landes und trug zu dem Zerfall der Autorität von Bundeskanzler Schmidt bei, der an der Drohung zur Nachrüstung auch gegen wachsenden Widerstand aus seiner eigenen Partei festhielt. Sie trug dazu bei, daß Hans Dietrich Genscher seine Partei, die FDP, veranlaßte, 1982 die Koalition mit der SPD zu verlassen und Helmut Kohl zum Kanzler zu wählen. Der Nato-Doppelbeschluß vereinte die verschiedenen Elemente der westlichen Politik aussagekräftig in sich: Selbstbehauptung und Nichtunterwerfung unter die von der sowjetischen Raketenüberrüstung ausgehenden Bedrohung – zugleich aber Verhandlungsbereitschaft. Dem US-Präsidenten Reagan war es wohl in erster Linie zu verdanken, daß die westliche Allianz an diesem Beschluß festhielt. Der erste, weltweit sichtbare Erfolg der westlichen Politik, zugleich aber das erste, über Verbales hinausgehende Einlenken der sowjetischen Politik war die Unterzeichnung des ersten Vertrages zur Vernichtung von atomar bestückten Mittelstreckenraketen in Reykjavik am 7. Dezember 1987.

Der KSZE-Prozeß erschien manchen Beobachtern wie ein nutzloses „Reden aus dem Fenster heraus". In angelsächsischen Zeitungen konnte man lesen, daß die Verhandlungsoperationen doch nur ein „exercise in futility" seien, eine „Übung in Nichtigkeiten". Das war ein Irrtum. Im KSZE-Prozeß bewahrheitete sich, daß auch das Wort mächtige Wirkungen entfalten kann. Es kann Überzeugungen ausdrücken, Haltungen beeinflussen, die ideellen Grundlagen für Politik langsam verändern, dergestalt ganz neue Voraussetzungen für Politik schaffen, die dann eines Tages fast plötzlich ins Tageslicht rücken. So geschah es. Die Mentalitäten begannen sich zu ändern, die Vorstellungswelten, die die Spannungen zwischen den Machtblöcken geschaffen hatten. Sowohl die Lage in den Staaten des Warschauer Paktes als auch deren Beziehungen zur Führungsmacht Sowjetunion wandelten sich. Bürgerrechtsbewegungen formierten sich; nach Jahrzehnten der Unterdrückung regten sich auch Kirchen und christlicher Glaube wieder und hielten den kommunistischen Machtansprüchen ihr so ganz anderes Menschen- und Geschichtsbild entgegen. Wie halte ich es mit meinen Bürgern? Dies war die Frage, die sich die Ostblockstaaten durch den Gang der Entwicklung gezwungenermaßen zu stellen hatten. Was ist das für ein Staat, ein System, in dem wir leben? Diese Frage hallte den Staaten von den eigenen Bürgern immer lauter entgegen. Der KSZE-Prozeß war eine doppelte Entwicklung, voll innerer Spannungen: einerseits das Aufeinander-Zugehen; andererseits das politisch-ideologische Ringen der beiden Systeme miteinander. Es war aber nicht eigentlich ein Ringen, um den anderen niederzuringen. Es war auch kein Ringen, um eine Annäherung, einen Wandel um jeden Preis. Es war vor allem ein Ringen um bessere Einsichten.

Von erstrangiger Bedeutung war, daß die Sowjetunion im wirtschaftlichen Wettlauf hoffnungslos ins Hintertreffen geraten war. Nur die Rüstungsindustrie und die Raumfahrt florierten. Die Produktion der Güter des täglichen Bedarfs und die Landwirtschaft traten auf der Stelle. Die Sowjetunion sah sich mehr und mehr gezwungen, Lebensmittel einzuführen und den Import mit Goldverkäufen und Erdölerlösen zu finanzieren. Auch die DDR war wirtschaftlich im Vergleich mit der Bundesrepublik weit zurückgefallen. Die Rüstung fraß an den Ressourcen des Ostblocks. Die militärische Niederlage, die die Sowjetunion nach ihrem Einmarsch in Afghanistan (Dezember 1979) erlitt, die Zahl der Särge, die tote Sowjetsoldaten von dort von Monat zu Monat mehr in die Heimat zurückbrachten, begannen auf das Denken in Moskau zu drücken. Es gab die zugleich verlockenden wie problemgeladenen Angebote der westlichen Politik für eine friedliche Zusammenarbeit. Zudem lasteten auf der im Sowjetblock real gewordenen marxistisch-leninistischen Doktrin die Erinnerungen an die Verbrechen, die Millionen und Abermillionen von Menschenopfern, die den Weg dieser Doktrin gesäumt hatten – in der Sowjetunion und wo immer in der Welt diese die Oberhand gewonnen hatte, von den Todeslagern Stalins bis hin zu den Millionenmorden eines Pol Pot in Kambodscha.

Anschauungsunterricht

Reisen, die mich in jenen Jahren des Übergangs als Delegationsleiter in Verhandlungen zu humanitären Angelegenheiten über den Eisernen Vorhang nach Osten führten, lieferten Anschauungsunterricht über die dort herrschenden Zustände. Jeder Grenzübertritt in eines der kommunistisch beherrschten Staaten war wie der Eingang in eine andere Welt. Penible Grenzkontrollen, ein Grauschleier, der über allem zu lasten schien. Kaum einmal ein lachendes Gesicht. Neben den Verhandlungsführern, mit denen wir es zu tun hatten, saß immer ein stummer Gast, der ohne Gefühlsregungen, wie es schien, die Gespräche verfolgte: offensichtlich Vertreter der Staatssicherheitsdienste, die im Hintergrund alle Fäden zogen und ohne deren Zustimmung nichts geschehen konnte.

Am 25. April 1979, zum Abschluß eines Aufenthaltes in Prag, hatte ich mit meiner Delegation ein bemerkenswertes Erlebnis.

Auf Einladung der Prager Regierung konnten wir einen Höhepunkt der Musiksaison in der Smetana-Oper erleben: ein Gastspiel der Wiener Staatsoper unter Karl Böhm mit „Ariadne auf Naxos“ von Richard Strauss. Eine tschechische Sängerin, Edita Gruberova, die nach dem Einmarsch der sowjetischen Truppen im Jahre 1968 als junge Künstlerin nach Wien geflüchtet war, sang den Part der Zerbinetta. Die Prager Regierung hatte dieser während der Vorgespräche für das Gastspiel zunächst die Genehmigung der Wiederausreise verweigert, diese schließlich aber doch gegeben, nachdem Karl Böhm das Stattfinden des Gastspiels von der Mitwirkung der tschechischen Emigrantin abhängig gemacht hatte. Der Opernabend entwickelte sich zu einer triumphalen Huldigung an die Sängerin. Es war nahezu mit den Händen zu greifen gewesen: Durch jede Arie, die sie sang, jede Tonschleife drang ihre Heimatliebe, der Schmerz über die Trennung zu Herz, Seele und Verstand ihrer Landsleute ringsum in allen Rängen des Opernhauses. Der rauschende Beifall, der sie von dorther nach jeder Arie umbrandete, dauerte eine Minute, fünf Minuten, zehn Minuten und noch länger. Sie stand in sich zusammengesunken, überwältigt, fast hilfesuchend da, alleine auf der Bühne. Jeder im Auditorium konnte ihr die hellen Tränen der Freude, der Dankbarkeit, aber auch der Wehmut herunterrinnen sehen. Die Opernvorstellung dauerte eineinhalb Stunden länger als programmgemäß vorgesehen, nur wegen des nicht enden wollenden Beifalls der Prager für Edita Gruberova. Unter dem Mantel der Huldigung von deren Sangeskunst machte sich der von den sowjetischen Panzern 1968 niedergewalzte Freiheitsdrang Luft. Der Beifall war nichts anderes als eine zornige politische Demonstration gegen das herrschende, dem Land von der Sowjetunion aufgezwungene Regime. Jeder in der weiten Runde des Opernhauses verstand dies so, vor allem meine regierungsamtlichen Begleiter, die ihre deutschen Gäste mit einigen etwas verlegenen Gesten rasch nach Hause zu befördern trachteten. Dr. Vachata, der Leiter der Prager Regierungsdelegation, schien aber eine heimliche Genugtuung zu empfinden und zwinkerte mir freudig und stolz zu. – Edita Gruberova kam danach zu Weltruhm. Zu Recht. Dennoch war für sie vielleicht der Höhepunkt ihres Künstlerlebens der Abend des 25. April 1979 in der Smetana-Oper zu Prag.

Der KSZE-Prozeß, der nach den ursprünglichen Absichten der Sowjetunion die Systemkonkurrenz zum Ruhen bringen sollte, hatte sich in eine weltweit offene Bühne des Systemvergleichs gewandelt – so den Bibelsatz über die falschen Propheten beweisend: „An ihren Früchten werdet ihr sie erkennen." Die Früchte waren die materiellen Ergebnisse der marxistisch-leninistischen Doktrin. Zu erkennen aber galt es, was das Wesen dieser Doktrin war. Dies hatte eine doppelte Konsequenz. Er brachte die Ost-West-Rivalität äußerlich zur Ruhe. Die mit dem Nachlassen der äußeren Spannungen verbundene innere Ruhe gab im Sowjetimperium zugleich Raum für machtvolle Veränderungen, die von der Öffentlichkeit ganz unbemerkt irgendwo unter den politischen Oberflächen ihre Wirkungen zu entfalten begannen – wie Spannungen in Gesteinsschichten, die ein Erdbeben vorbereiten. Und es bedurfte nur kleiner Anstöße, um die Erdbeben auszulösen, welche das Sowjetimperium unter sich begraben sollten.

Diese Anstöße konnten aber nicht aus den Konferenzsälen und Schreibstuben der Politiker oder Diplomaten kommen. Dort hatte man sich nur darauf verstanden, auf der Stelle tretend die Rivalität zu verwalten, in einer Sackgasse ruhig zu stellen. Die Anstöße mußten von unten kommen, aus den Völkern, die sich aufmachen sollten, die ihnen von der Doktrin des Marxismus-Leninismus geraubte Souveränität zuzückzufordern.

Kapitel III.

Der weiße Revolutionär

Der erste Anstoß kam aus Polen. Jaruzelski, der letzte kommunistische Staatschef Polens, schrieb in seinen Memoiren:

„Helsinki. Für die Gemeinschaft der Länder des Paktes markierte die Konferenz über Sicherheit und Zusammenarbeit in Europa das Ende langjähriger diplomatischer Bemühungen ... Breschnew, einer der größten Sieger dieses noch nie dagewesenen Gipfels, der 35 Länder an einen Tisch brachte ... Kaum sieben Jahre nach der Intervention in der Tschechoslowakei wurde die Breschnew-Doktrin ... die Unantastbarkeit der Grenzen in Europa (die Konferenzergebnisse von Jalta also) ... anerkannt.

Angesichts dieser Ergebnisse schien der berühmte Korb drei in den Köpfen der Führer der östlichen Staaten nicht sehr schwer zu wiegen und wurde eher als geringfügige Konzession betrachtet. Einmal mehr hatte die sozialistische Gemeinschaft die potentielle Wirkung bestimmter Begriffe, die nicht zum traditionellen Repertoire der marxistisch-leninistischen Doktrin gehörten, unterschätzt ...

In diesem August 1975 konnten wir also vernünftigerweise annehmen, daß die Gemeinschaft der Länder – und Polen im besonderen – in eine lange Periode der Stabilität und der Nichtkonfrontation eintreten würde. Doch keiner hatte in seine Planungen das Ereignis einkalkuliert, das der Ideologie, so wie wir sie verstanden, völlig entgegenlief: die Wahl von Kardinal Wojtyla an die Spitze des Vatikans.

Schnell kam die Frage eines Besuches von Johannes Paul II. in Polen auf ... Als das Flugzeug des Papstes im Juni 1979 nach einem neuntägigen Besuch vom Warschauer Flughafen abhob, stießen wir alle einen Seufzer der Erleichterung aus ...

Heute ist mir klar, daß wir die psychologischen Auswirkungen dieses Besuches nicht richtig eingeschätzt hatten. Ich frage mich im übrigen, ob überhaupt irgendeiner der politischen Führer des Landes oder der Verantwortlichen der Kirche die Wirkung dieses Besuches begriffen hatte, ob irgend jemandem bewußt war, daß danach nichts mehr so sein werde wie vorher. Etwa ein Jahr später sollte uns das bestätigt werden" (Wojciech Jaruzelski, Mein Leben für Polen, 1993, S. 217 f.).

Wojciech Jaruzelski: Sohn einer Familie von ostpolnischen Großbauern. 1939 Flucht vor den Deutschen nach Litauen. Deportation der Familie (weil Großbauern) nach Sibirien. Tod des Vaters an den Folgen. Kampf mit den Sowjetarmeen zur Befreiung Polens. Offizierskarriere. Parteikarriere. Glaube an die humanen Ziele des Sozialismus. Verteidigungsminister, Ministerpräsident in einer Zeit, als die Drohung des Einmarschs der sozialistischen „Bruderstaaten" täglich wie eine dunkle Wolke über Polen hing. Dialog und friedlicher Übergang. Staatspräsident. Nachdenken über die Irrtümer der Vergangenheit. Einer, der die jüngste Geschichte seines Landes nicht nur erlebt, sondern auch erlitten hatte, welche Rolle er dabei in den Augen mancher seiner Landsleute auch gehabt haben mochte.

Polen hatte schon immer eine Sonderstellung in dem von der Sowjetunion beherrschten Vorfeld westlich von deren Grenzen. Es war das nach Bevölkerungszahl und territorialer Ausdehnung größte Partnerland der Sowjetunion im Warschauer Pakt. Stalin hatte nach 1945 auch Polen fest in den Griff genommen, eine Kirchenverfolgung eingeleitet, ihm unliebsame Personen der polnischen kommunistischen Garde kaltgestellt oder liquidiert. Schon unmittelbar nach Ende des Zweiten Weltkrieges hatte der Staat versucht, die Kirche aus der Öffentlichkeit in den sakralen Raum zurückzudrängen und durch Gründung einer „Nationalkirche" zu spalten. 1951 war der Kirchenkampf offen ausgebrochen, kirchliche Schulen, Klöster und Kinderheime waren verstaatlicht, Widerstand leistende Bischöfe, so auch der Kardinalprimas Stefan Wyszynski, ins Gefängnis geworfen worden; mit dem Staat kooperierende, sogenannte „patriotische“ Priester erhielten Schlüsselstellungen. Die Zahl der Männerklöster war um 40 Prozent, die der Frauenklöster um 45 Prozent zurückgegangen, die der Diözesanpriester von 8624 (1945) auf 2247 (1953). Dieser Griff hatte sich nach Stalins Tod gelockert. Unter der gemäßigteren Staats- und Parteiführung von Wladyslaw Gomulka war es zu einem Kurswechsel in den Beziehungen zu der Kirche gekommen. Wyszynski und die inhaftierten Geistlichen wurden entlassen, die Repression des Glaubens zurückgeschraubt und dem Wirken der Kirche im pastoralen Raum weniger Fesseln auferlegt. Doch war die innere Entwicklung in Polen nicht zur Ruhe gekommen. Es hatte Arbeiterunruhen gegeben: 1956 und 1970, die nur mit Waffengewalt von Militär und Polizei hatten unterdrückt werden können. Tote und Verletzte, Märtyrer waren dabei zurückgeblieben. Die auch unter Gomulka anhaltenden Versuche der Regierung, den Einfluß der Kirche zurückzudrängen oder sich eine regimefreundliche Kirchenanhängerschaft zu schaffen, waren aber fehlgeschlagen. Im Gegenteil: Aus den jahrzehntelangen Auseinandersetzungen zwischen Staat und Kirche waren der Staat und die diesen tragende kommunistische Ideologie geschwächt, die Kirche aber gestärkt hervorgegangen. Kardinalprimas Wyszynski war in jenen Jahren in die Rolle einer Leitfigur, des unumstrittenen nationalen Gegenpols zu der kommunistischen Herrschaft hineingewachsen. Die polnische Kirche zählte zur Zeit der Wahl von Johannes Paul II. in ihren 27 Diözesen 76 Bischöfe, rund 15000 Weltpriester, 4800 Ordensgeistliche, 2500 Ordensbrüder, 27500 Ordensfrauen, fast 50 Seminare, in denen 3600 Welt- und 1300 Ordensgeistliche herangebildet wurden. Es gab 6700 Pfarreien, 14000 Kirchen, eine auflagenstarke kirchliche Presse. Staat und Kirche respektierten sich, lebten aber mehr oder weniger aneinander vorbei. Die Kirche hatte die von der Regierung aus Furcht vor deutschem „Revanchismus“ mit der Sowjetunion eingegangene Sicherheitspartnerschaft zwar nicht in Frage gestellt. Der ideologische Graben zwischen Kirche und kommunistischem Regime war im Laufe der Jahre aber eher tiefer geworden. Einige Konzessionen hatte der

Staat gemacht, so beispielsweise die Zulassung von Militärgeistlichen. In diese Zustände relativer Ruhe und Normalität fiel die Nachricht von der Wahl Wojtylas zum Papst der römischen Kirche hinein.

Der Vatikan, die Zentrale der römischen Weltkirche, hatte zu dem das Sowjetimperium beherrschenden Denken schon immer in einem unüberbrückbaren ideologischen Gegensatz gestanden. Zu dem materialistischen Menschen-, Geschichts- und Gesellschaftsbild der marxistisch-leninistischen Doktrin hatte es für ihn nie eine Brücke der grundsätzlichen Versöhnung gegeben. Er stand insoweit mehr als jede andere Institution dieser Welt in einer Fundamentalopposition zu dem das Sowjetimperium beherrschenden Ideengut – einer Fundamentalopposition, aus der es für ihn nur um des Preises der Selbstaufgabe ein Entrinnen hätte geben können. Karl Marx, seine Vorläufer, Mitläufer und Nachfolger hatten mit einer Tradition gebrochen, die einmal das abendländischen Denken mehr als alles andere geprägt hatte. Sie hatten sich von dem Bekenntnis abgewandt, das schon der römische Dichter Vergil in den Satz gefaßt hatte: „Mens agitat molem" – Der Geist belebt die Materie. Sie hatten diesen Satz umgedreht und alles, was in der zweitausendjährigen Geschichte des Abendlandes unter „Geist" verstanden worden war, als Produkt, Ausgeburt oder Mißgeburt der Materie erklärt – so natürlich auch jede Art von Religion: „Opium für das Volk", wie diese von den kommunistischen Vordenkern höhnisch bezeichnet wurde. Nicht mehr zählbar waren die Opfer, ja Märtyrer, die den Weg des Marxismus-Leninismus säumten – den Weg, auf dem diese Weltsicht sich den Menschen mit Gewalt aufzuerlegen trachtete. Tausende, Zehntausende und noch mehr Gläubige, Priester und Bischöfe hatten die kommunistischen Henker ihrer Überzeugung wegen gefoltert, gemordet oder in Todeslagern mit anderen, wirklichen oder eingebildeten Regimegegnern zusammengetrieben. Sie waren Blutzeugen für ihren Glauben gewesen; sie hatten mit ihrem Zeugnis die Widernatur und Unmenschlichkeit der marxistischen Doktrin enthüllt. Mit dem standhaften Festhalten an ihren Überzeugungen waren sie aber auch die ersten Wegbereiter für den späteren Zerfall des Sowjetimperiums.

Die schlichte Tatsache, daß der neugewählte Papst aus Polen kam, gab der Fundamentalopposition der römischen Kirche gegen das Sowjetsystem einen zuvor ungeahnt gewesenen Auftrieb. Doch wer war dieser Papst, der da so unerwartet auf die Weltbühne trat? Wie kam es zu seiner Wahl? Mit welcher Botschaft wirkte er in das Geschehen ein? Was waren die Folgen?

Eines der bestgehütetsten Geheimnisse

Am 6. August 1978 starb Papst Paul VI. Nach dem Pontifikat von Johannes Paul I., das nur 33 Tage dauerte, fiel am 16. Oktober 1978 die Wahl des Kardinalskollegiums auf Karol Wojtyla. Was die zu einer Papstwahl versammelten Kardinäle miteinander geredet hatten, gehört zu den bestgehütetsten Geheimnissen im Vatikan. Den Kardinälen ist es bei Androhung schwerer Kirchenstrafen verboten, später darüber zu sprechen. Ist einmal ein Papst gewählt, befaßt man sich im Vatikan zudem wenig damit, was dem voranging. Mit jeder Papstwahl beginnt eine neue Ära; jedermann im Vatikan ist danach damit beschäftigt, sich auf das Neue einzustellen.

Natürlich können findige Journalisten und neugierige Diplomaten es nie lassen, sich den Kopf darüber zu zerbrechen, was in einem Konklave vor sich ging. Besonders galt dies nach der Wahl von Johannes Paul II., dessen Einzug in die Chefetage des Vatikans allgemein als eine Art Zeitenwende empfunden wurde. So gab es auch bald Gerüchte. Da die Kardinäle aus der ganzen Welt zu dem Konklave angereist und danach in ihre Heimat zurückgekehrt waren, beschränkten sich die Recherchen nicht nur auf Rom durch dort ansässige Vatikanologen. Vor allem auch in Sachen des Vatikans unbefangenere US-amerikanische Journalisten nahmen sich des Themas an. Ich glaube nicht, daß einer der an der Papstwahl beteiligt gewesenen Kardinäle seine Schweigepflicht gegenüber neugierigen Fragestellern ganz gebrochen hat. Aus Detailinformationen, Reaktionen auf den Kardinälen gestellte Fangfragen, schälte sich aber doch ein Bild davon heraus, wie es zu der Papstwahl kam.

Zu Beginn des Konklaves hatte es einen Wettlauf zwischen zwei italienischen Kardinälen gegeben: Giuseppe Siri, dem als konservativ geltenden Erzbischof von Genua, und dessen Florentiner Kollegen Giovanni Benelli, der den Ruf eines Liberalen hatte (sofern die Etikettierung konservativ/liberal in Angelegenheiten der Kirche überhaupt ohne Abstriche verwendbar ist). Erst nachdem deutlicher geworden war, daß keiner der beiden die für eine Papstwahl damals noch erforderlich gewesene Zweidrittelmehrheit (Johannes Paul II. hat das Wahlverfahren später geändert; zur Zeit kann eine einfache Mehrheit der Stimmen ausreichen) auch bei noch so vielen Wahlgängen erzielen werde, mehrte sich die Anhängerschaft einer Wahl des Krakauer Kardinals bis zu der Mehrheit, die ihn auf den Stuhl Petris hob – bis zu dem Moment, an dem der weiße Rauch aus einem der Vatikankamine den vor dem Petersdom harrenden Gläubigen anzeigte, daß Gott durch die Wahl der Kardinäle seiner Kirche ein neues menschliches Oberhaupt gegeben habe. „Habemus papam", hallte es danach vom Petersplatz durch die ganze katholische Christenheit.

Daß es zu der Wahl des Krakauer Kardinals kam, war gewiß erstaunlich und für die Weltöffentlichkeit ein unerwarteter Vorgang. Dennoch bedarf es keiner besonderen Ratekunst, um die Motive zu schildern, die zu dieser Wahl hinführten. Schon während der vorangegangenen Papstwahlen war unter den Kardinälen die Meinung zu hören gewesen, daß es an der Zeit sein könnte, einen Nichtitaliener zu wählen. So hatte es während des Konklaves, aus dem das kurzlebige Pontifikat von Johannes Paul I. hervorgegangen war, schon Stimmen für Kardinal Wojtyla gegeben. Daß damit eine 455jährige Tradition (der letzte nichtitalienische Papst war Hadrian VI., ein Niederländer, gewesen, der zur Zeit Kaiser Karls V. den Stuhl Petris kurz innehatte) gebrochen würde, schreckte die

Kardinäle also nicht mehr. Schon seit geraumer Zeit waren die Italiener, die jahrhundertelang eine Mehrheit im Kardinalskollegium gebildet hatten, darin nur noch eine Minderheit. Die Kirche war mehr und mehr zur Weltkirche geworden.

Innerkirchlich ging es um die Fortführung der mit dem Zweiten Vatikanischen Konzil eingeleiteten Erneuerung der Kirche. Viele Kardinäle der Weltkirche hatten sich während des Konzils ein Bild von Wojtyla machen können: feste Auffassungen, dennoch weltoffen und neugierig; eine starke Persönlichkeit, dennoch warmherzig und Gesprächspartnern zugetan; der Öffnung der Kirche durch das Konzil verpflichtet, dennoch ein kritisches, theologisch fundiertes Mißtrauen gegenüber Wegwerftendenzen, was Hergebrachtes in der Kirche anging.

Das brennendste Thema der Außenbeziehungen der Kirche war die Auseinandersetzung mit den kommunistisch beherrschten Staaten: theologisch die Abgrenzung von der atheistisch-materialistischen Ideologie, politisch das Ringen mit den Regierungen des kommunistischen Herrschaftsbereiches um Glaubensfreiheit, um Freiheit für den Aufbau vom Staat unabhängiger Kirchenordnungen. Da lag es nicht fern, auch an einen Papst aus Polen zu denken, dem Land, das die kommunistischen Kirchenverfolgungen nicht nur durchgestanden hatte, sondern daraus gekräftigt hervorgegangen war.

Den deutschen Kardinälen war Wojtyla schon lange wohlbekannt. Während des Zweiten Vatikanischen Konzils hatte es bei der Formulierung des Dokumentes über die „Kirche in der Welt von heute“ eine enge und gute Zusammenarbeit mit ihm gegeben. Besonders eng waren die Verbindungen zum Bistum Mainz gewesen. Prof. Josef Georg Ziegler, ein rühriger Hochschullehrer der katholisch-theologischen Fakultät der Universität Mainz, hatte seit Beginn der 70er Jahre ein Netz von Kontakten und Partnerschaften zu katholischen Fakultäten von Hochschulen in Polen aufgebaut, vor allem zu der im Erzbistum Krakau gelegenen katholischen Universität Lublin. Der Erzbischof Wojtyla hatte Ziegler damals in Krakau freundlichst empfangen und ihn in seinem Palais beherbergt. Der Papst Johannes Paul II. hat die Gespräche, die er damals mit Ziegler führte, und dessen damaliges Wirken nicht vergessen. Mit Bewegung wußte mir der emeritierte, alte Professor davon zu berichten, daß der Papst ihm ab und zu noch einen Brief schrieb. Auf Vorschlag Zieglers hatte die Universität Mainz Kardinal Wojtyla in Würdigung seiner wissenschaftlich-theologischen Forschungen die Ehrendoktorwürde verliehen. Die Hälfte des deutschen Episkopates hatte sich in Mainz versammelt, als dort im Juni 1977 in einem Festakt Wojtyla diese Würde zugesprochen wurde.

Nur ein Jahr später kam Wojtyla wieder nach Deutschland. Wenige Monate vor seiner Wahl zum Papst stattete eine Gruppe polnischer Bischöfe, darunter auch er, mit dem Kardinalprimas Wyszynski an der Spitze, der deutschen Ortskirche einen offiziellen Besuch ab. Während des Ablaufs des Programms habe Wojtyla sich – so sagten deutsche Beobachter damals – hinter dem Primas von Polen bescheiden zurückgehalten. Wann immer aber dieser ihm den Vortritt gelassen habe, habe jedermann sofort die kraftvolle Persönlichkeit dieses Mannes sowie seine Ausstrahlung verspürt. Jeder wußte, daß er Deutschland durch seine philosophischen und theologischen Studien verbunden war. Seine Doktorarbeit hatte er über den deutschen Philosophen Max Scheler geschrieben. Während des Aufenthaltes in Köln hatte er, während alle anderen polnischen Besucher die Mittagsruhe pflegten, darauf bestanden, in der Kirche St. Andreas das Grab von Albertus Magnus zu besuchen und vor diesem lange im Gebete zu verweilen. Er gehört offenbar zu denen, die glauben, daß an dem hl. Albert, dem Lehrer von Thomas von Aquin, dem zugleich revolutionären wie universellen Denker des ausgehenden Mittelalters, auch die moderne Welt nicht vorbeigehen kann.

Aber nicht nur in Deutschland, sondern überall in Westeuropa war Wojtyla wohlbekannt. Zwischen ihm und dem Wiener Kardinal

König hatte es viele, durch die geographische Nähe und Geschichtstraditionen bedingte Verbindungen gegeben. Die traditionelle Verbundenheit der Kardinäle des französischen Sprachraumes mit Polen wirkte sich aus. Seine Bekanntheit beschränkte sich aber nicht nur auf Europa. Nicht erst der Papst Johannes Paul II. sollte es sein, den es immer wieder in die Welt hinauszog. Schon der Kardinal Wojtyla hatte die halbe Welt bereist. Vor allem in den USA war er gut eingeführt. Kardinal John Krol, Sohn polnischer Einwanderer und Erzbischof von Philadelphia, sowie der Erzbischof von Chicago, Kardinal John Patrick Cody, hatten ihn schon lange vor der Papstwahl kennen- und schätzengelernt. Seine guten Sprachkenntnisse hatten ihm viele Türen geöffnet.

Nimmt man dies alles zusammen, so war es nicht verwunderlich, daß nicht nur die Kardinäle des deutschsprachigen Raumes Wojtyla als einen derjenigen, der „papabile“, d.h. zum Papst wählbar sei, im Sinn hatten und daß dieser Gedanke im Kardinalskollegium rasch an Boden gewann, als es deutlich geworden war, daß keiner der beiden italienischen Kardinäle gewählt werden würde.

Von dem damaligen Mainzer Kardinal Hermann Volk war schon aus den Tagen vor dem Konklave der Auspruch überliefert: „Für Wojtyla können wir eine Mehrheit bekommen.“ Es erscheint mir müßig, darüber zu spekulieren, wer denn nun eigentlich der Erfinder der Idee war, Wojtyla zu wählen – ob die Idee von König, Volk oder wem auch immer ausging, oder ob, wie auch gesagt wurde, es sogar Benelli war, der Wojtyla ins Gespräch brachte. Glaubwürdig ist, daß der Vorsitzende der deutschen Bischofskonferenz, Kardinal Joseph Höffner, die Idee, nachdem sie in der Welt war, sofort aufgegriffen und nachdrücklichst unterstützt hat. Daß der Vorschlag, Wojtyla zu wählen, nicht polnischen Ursprungs war, läßt sich aus einer Anekdote rückschließen (die, wenn nicht authentisch, so doch gut erfunden ist): Als Kardinal Wyszynski gesagt worden sei, es könne doch an der Zeit sein, einmal einen Polen zu wählen, habe er abgewinkt und gesagt: „Nein, das geht nicht. Ich bin zu alt.“

Die Papstwahl und die Deutschlandfrage

Für die deutschen Kardinäle gab es noch einen weiteren Gesichtspunkt, den sie bei der Papstwahl in Erwägung zu ziehen hatten: die Haltung des Heiligen Stuhls zur Deutschlandfrage. Solange die Bonner Regierung auf die Politik der Nichtanerkennung der DDR festgelegt gewesen war, hatte es dazu zwischen dieser und dem Vatikan keine Meinungsverschiedenheiten gegeben. Emissäre der DDR-Regierung und des Vatikans hatten wohl schon einmal Gespräche miteinander geführt. Doch hatte der Vatikan die DDR als selbständigen zweiten deutschen Staat nie anerkannt. Diese Haltung begann sich zu ändern, nachdem die Regierung Brandt/Scheel seit 1969 Kontakte zur DDR gesponnen und im Zuge ihrer neuen Ostpolitik ihre Vorbehalte gegen die Aufnahme diplomatischer Beziehungen von Drittstaaten zur DDR aufgegeben hatte. Warum sollte man päpstlicher sein als die Bundesregierung, mag man sich damals in Rom gedacht haben.

Der Abschluß der Ostverträge durch die Regierung Brandt/Scheel weckte in der DDR-Regierung den Wunsch, mit dem Heiligen Stuhl in nähere Beziehungen zu treten. Die DDR war in die UN aufgenommen worden, hatte begonnen, ihr Netz diplomatischer Beziehungen über die ganze Welt auszudehnen. Warum also nicht auch einen päpstlichen Nuntius in Ostberlin begrüßen, was ja nochmals einen Zugewinn an internationaler Respektabilität bedeutet hätte? Die Sowjetunion, der Oberherr der DDR, hätte darauf zwar auch mißtrauisch reagiert. Denn dort wie in den anderen kommunistisch regierten Ostblockstaaten zählte die römische Kirche immer noch zu den ideologischen Erzfeinden und waren (mit Ausnahme Jugoslawiens) auch keine päpstlichen Nuntien akzeptiert worden. Doch – so meinte man in Ostberlin – vielleicht könne sich die DDR in dieser Frage gegenüber Moskau durchmogeln.

Der DDR-Regierung war es zudem ein Stein des Anstoßes, daß die in der DDR amtierenden katholischen Bischöfe immer noch formell der gesamtdeutschen katholischen Bischofskonferenz, der

Fuldaer Bischofskonferenz, angehörten. Sie wünschte sich eine von dieser unabhängige Bischofskonferenz für die DDR. Zudem gab es noch das dornenvolle Problem der Bistumsgrenzen.

Denn die 1945 durch Deutschland gezogene Zonengrenze zwischen Ost und West, die daraus gewordene Grenze zwischen der Bundesrepublik Deutschland und der DDR, die Teilung Berlins, der entlang dieser Grenze heruntergelassene Eiserne Vorhang, die Mauer in Berlin, hatten ja nicht nur Menschen voneinander getrennt, Familien zerschnitten, sondern auch vielfältige historisch gewachsene Zusammengehörigkeiten. Dazu gehörten auch die Bistümer. In der DDR gab es nur eine ganz in deren Staatsgebiet liegende Diözese, das Bistum Meißen. In das gesamte übrige Staatsgebiet der DDR streckten sich dagegen nur Bistumsteile westdeutscher Diözesen: von Fulda, Hildesheim, Osnabrück, Paderborn und Würzburg. Um die pastoralen Bedürfnisse zu sichern, waren dort vom Westen her Generalvikare und Kommissare eingesetzt worden. In dem Maße, wie die Verbindungen zum Westen von der DDR-Regierung unterbunden worden waren, hatten diese nach und nach den Rang von Weihbischöfen erhalten, wirkten pastoral auch immer selbständiger, wenngleich sie formal noch der Kirchenhoheit des im Westen residierenden Diözesanbischofs unterstanden. Diesen Zustand wollte die DDR geändert sehen. Sie verlangte vom Vatikan die Abtrennung der vom Westen in das DDR-Gebiet hineinreichenden Bistumsteile und die Bildung von neuen, nur im Staatsgebiet der DDR gelegenen Bistümern.

Während des Pontifikates von Paul VI. gab es in Rom die Tendenz, der DDR in dieser Frage entgegenzukommen. Als einen ersten Schritt hatte der Heilige Stuhl sofort nach dem Inkrafttreten des Warschauer Vertrages vom 3. Juni 1972 bereits am 28. Juni 1972, heftig vorgetragenen polnischen Forderungen nachgebend, in den ehemals deutschen Gebieten östlich der Oder und Neiße neue Diözesen geschaffen und die dort amtierenden Apostolischen Administratoren zu Residenzbischöfen ernannt. Damit waren dort, obwohl die Oder-Neiße-Linie als Staatsgrenze in dem

Warschauer Vertrag noch nicht endgültig völkerrechtlich anerkannt war (dies geschah erst 1990 im Prozeß zur Vollendung der deutschen Einheit), kirchenrechtlich vollendete Tatsachen geschaffen. Nicht so eilig hatte es der Heilige Stuhl damals allerdings mit der Neuordnung der Bistumsstrukturen in den ehemals ostpolnischen Regionen, die als Folge des Zweiten Weltkrieges an die Sowjetunion gefallen waren. Dazu kam es erst fast zwanzig Jahre später, nachdem sich die Sowjetunion aufgelöst hatte und dort neue Staaten das Sagen bekommen hatten (Litauen, Ukraine, Weißrußland). Man hatte also in Rom, als es in Polen im westlichen Teil des Landes um Zugewinn an polnischer Kirchenhoheit, jenseits der Ostgrenze aber um Verlust von solcher ging, doch wohl mit zweierlei Maß gemessen.

Nach einer Serie von Geheimkontakten mit der DDR-Führung begann der Heilige Stuhl sich auch mit deren Forderung nach Schaffung selbständiger Bistümer auf dem DDR-Staatsgebiet auseinanderzusetzen. Lag dies doch ganz auf der Linie der Vertragsdiplomatie der Zeiten von Paul VI., die glaubte, durch völkerrechtliche Zugeständnisse an die Staaten des kommunistisch beherrschten Blocks den dortigen Ortskirchen größere Freiräume für das pastorale Wirken verschaffen zu können. Wichtig war Paul VI. auch das Motiv, durch eine Vereinbarung mit der DDR-Regierung nochmals einen Präzedenzfall für die Beziehungen zu anderen Ostblockstaaten zu schaffen, in denen man ebenfalls im Wege einer geduldigen Vertragspolitik eine Verbesserung der Wirkungsmöglichkeiten der Ortskirchen anstrebte.

Die Bundesregierung dagegen sah durch diese Absichten des Vatikans eines der Ziele, das sie mit der Ostpolitik verfolgte, gefährdet. Ihre Ostpolitik war auf zwei Geleisen gefahren: einerseits die Lösung der Fesseln, die zuvor die DDR in der Staatengemeinschaft in dem Minderstatus der Nichtanerkennung gehalten hatten; andererseits die Pflege der innerdeutschen Sonderbeziehungen. Der Entsendung eines Nuntius nach Ostberlin hätte sie deswegen nicht widersprochen, wohl aber erhob sie Einwände gegen die Anpassung der Bistumsgrenzen an die innerdeutsche Grenze. Denn dieser Schritt hätte eine der noch bestehenden deutschen Gemeinsamkeiten aufgehoben, also die Spaltung Deutschlands vertieft. Die Bundesregierung berief sich auch auf das Reichskonkordat, das dem Vatikan vor Änderung von Bistumsgrenzen eine Konsultationspflicht mit der Bundesregierung auferlegte. Der Streit über diese Fragen zog sich jahrelang hin. Im April 1973 kam es in Rom zu einem ersten Expertengespräch zwischen dem Völkerrechtsberater des Auswärtigen Amtes, Herrn von Schenck, und Erzbischof Casaroli, damals Leiter des Außenamtes des Vatikans (dem späteren Kardinalstaatssekretär) und Rechtsexperten des Heiligen Stuhls. Später folgten weitere intensive Expertengespräche, die von seiten der Bundesregierung Herr Fleischhauer führte, der Herrn von Schenck nach dessen Tod in das Amt des Völkerrechtsberaters gefolgt war. Der seit dem 17. Mai 1974 amtierende Außenminister Genscher nahm sich der Angelegenheit persönlich sehr an. Er sprach mehrfach mit Casaroli darüber. Dieser hatte eine Konsultationspflicht stets bestritten, da die Bundesregierung auf dem Gebiet der DDR keine Hoheit mehr besitze und deswegen das Reichskonkordat für Fragen von Bistumsgrenzen auf dem Gebiet der DDR nicht mehr anwendbar sei. Er hatte sich aber auf Konsultationen als, wie er sagte, „Geste der Freundschaft" eingelassen. In der Sache selbst versuchte Casaroli in Verfolgung der Direktiven, die er von Paul VI. erhalten hatte, seinem Ziel im Wege vieler kleiner Schritte näherzukommen. Schon im Sommer 1973 waren die in der DDR kommissarisch amtierenden Weihbischöfe zu Apostolischen Administratoren ernannt und dem Heiligen Stuhl unmittelbar unterstellt worden. Die territoriale Einheit der Bistümer blieb erhalten, die personelle Oberhoheit der im Westen residierenden Bischöfe wurde aber aufgehoben. Im Oktober 1976 gab der Vatikan die Konstituierung einer gesonderten Bischofskonferenz für das Gebiet der DDR, der „Berliner Bischofskonferenz", bekannt. Zwischen dieser und der Fuldaer Bischofskonferenz blieb aber ein Band bestehen, da der Berliner, in Ostberlin residierende Bischof zwar Vorsitzender dieser neuen Bischofskonferenz war, aber doch seinen Sitz in der Fuldaer Bischofskonferenz behielt. Auf das nie nachlassende Drängen der DDR bereitete sich der Vatikan im Jahre 1977 auf weitere Schritte in Richtung Verselbständigung der auf dem Gebiet der DDR belegenen Bistumsteile vor.

Das vorsichtige und pragmatische Vorgehen des Vatikans erklärte sich auch daraus, daß er es in Deutschland nicht nur mit der Bundesregierung zu tun hatte, sondern auch mit dem Episkopat der Bundesrepublik und der DDR sowie der damaligen CDU/CSU-Opposition im Deutschen Bundestag. Das gesamte politische und katholisch-kirchliche Establishment Deutschlands stellte sich den damaligen römischen Absichten entgegen. Alois Mertes, gläubiger Katholik und damals außenpolitischer Sprecher der CDU/CSU-Fraktion, sagte im November 1977 der Presse, daß die Deutschen angesichts der Hitlervergangenheit eine besondere Pflicht hätten, sich jeder Begünstigung totalitärer Machtausübungen zu widersetzen. Diese Pflicht bestehe auch gegenüber dem geistigen Oberhaupt der Kirche, das in Fragen solcher politischen Art nun einmal „voll irrtumsfähig" sei. Diesen Ausdruck hatte er wohl verwandt, um der Meinung braver deutscher Katholiken entgegenzuwirken, die vielleicht glauben mochten, allem, was aus Rom kam, zustimmen zu müssen. Er könne es sich nicht vorstellen, so Mertes weiter, daß sich der Papst über elementare moralische und pastorale Überzeugungen der Mehrheit der deutschen Katholiken und der Gemeinschaft der Bischöfe hinwegsetzen würde. Auch die Mehrheit der Bischöfe in der DDR hielt nichts von Übereinkommen des Vatikans mit der DDR-Regierung, da dies – wie besonders der Berliner Kardinal Alfred Bengsch sagte – eine Einengung der pastoralen Wirkungsmöglichkeiten zur Folge haben werde und nicht, wie man in Rom offenbar meinte, dafür solidere Rechtsgrundlagen schaffen würde.

Mit dieser Meinung stand das Episkopat der DDR im Ostblock nicht alleine. Es gab viele Bischöfe in den Staaten des Ostblocks, welche Annäherungen des Vatikans an die kommunistischen Regierungen als eine Anbiederung betrachteten. Konnten doch die Ortskirchen auf Erfolge verweisen, die sie nicht durch Anpassung, sondern durch eine mutige Fundamentalopposition erzielt hatten. Auch hatte das Vorgehen des Vatikans Wunden hinterlassen. Der vom Vatikan 1971 erzwungene Amtsverzicht des ungarischen Kardinalprimas Mindszenty war in dessen Heimat mit sehr geteilten Gefühlen aufgenommen worden. Vor allem aber waren es die polnischen Bischöfe, welche die diplomatischen Aktivitäten des Vatikans mißtrauisch verfolgten. Schon zu Ende des Zweiten Vatikanischen Konzils hatte Kardinalprimas Wyszynski bei der Verabschiedung der polnischen Bischöfe durch Paul VI. am 13. November 1965 sich über Mangel an Verständnis des Vatikans beklagt und auf die Notwendigkeit einer eigenständigen Beurteilung der Lage in Polen durch die polnischen Bischöfe gepocht. Noch härter ging es später zu. Wenn Casaroli anläßlich eines Besuches in Warschau vor dem Altar der Kathedrale am 7. Februar 1974 den Gläubigen ermahnend sagte, daß der Papst „nicht nur Zuneigung und Gebet brauche, sondern auch Gehör und Gehorsam“, so kann man sich vorstellen, daß hinter den Kulissen noch deutlichere Worte gefallen waren. Verständlich! Denn der mächtige, von der Warschauer Regierung so geachtete wie gefürchtete Kardinalprimas Wyszynski mußte es als Wühlen hinter seinem Rücken betrachten, wenn ein römischer Erzbischof an ihm vorbei Gespräche mit der kommunistischen Staatsführung führte. Auch der Entsendung eines Nuntius nach Warschau, von dem in jenen Jahren auch schon einmal die Rede war, hätte der Kardinal sicherlich nicht mit Begeisterung entgegengesehen.

Von welchen Vorstellungen katholische Bischöfe in der DDR in ihrem Umgang mit dem SED-Regime beseelt waren, erlebte ich in Rom in bemerkenswerter Weise sehr viel später: Anfang 1988 (also nur wenig mehr als eineinhalb Jahre vor der Öffnung der Mauer) in einer Unterhaltung mit Kardinal Joachim Meisner, der noch als Bischof in Ostberlin residierte (von seiner späteren Versetzung nach Köln war damals noch nicht die Rede). Der Kardinal bestätigte mir, daß das Problem der Bistumsgrenzen bei der Vorbereitung eines Besuches des Papstes in der DDR (die Möglichkeit eines solchen Besuches war damals in der Prüfung) kein Verhandlungspunkt sein dürfe. Dann aber schilderte er mir, von welchen Prinzipien er sich in seiner Haltung zu dem SED-Regime leiten lasse. Er habe stets auf Distanz zu diesem geachtet und halte Vereinbarungen mit diesem für eine fragwürdige Angelegenheit. Wenn man der SED einen kleinen Finger reiche, könne man sicher sein, daß diese bald die ganze Hand ergreifen werde. Er habe öffentlich den Begriff „DDR" noch nie in den Mund genommen, sondern es sich zur Regel gemacht, nur das Wort „Heimat" oder beispielsweise die Umschreibung „das Land, in dem wir leben" zu verwenden. Er habe auch noch nie eine Einladung des Regimes angenommen. Nur bei einer Gelegenheit habe er sich eine Ausnahme gestattet: der Einladung zu dem Festakt in Ostberlin anläßlich der 750-Jahrfeiern der Stadt im Jahre 1987. Als Bischof von Berlin habe er sich dabei nicht ausschließen wollen. Aufschlußreich sei für ihn damals aber die Reaktion der SED-Größen gewesen. Als er versucht habe, nach Eintritt in den Festsaal sich ohne spektakuläre Begrüßungen auf den ihm zugedachten Sitz zu drücken, sei Erich Honecker zu ihm geeilt, habe ihn am Arm genommen und den im Saal anwesenden hochrangigen Delegationen anderer Staaten stolz mit dem Bemerken vorgestellt: „Das ist unser Kardinal." Seine Zurückhaltung im Umgang mit dem Regime habe ihm doch wohl auch Achtung eingebracht – so habe er sich damals gesagt.

Sehr viel ernster wurde er, als er mir die Lage der Kirche in der Seelsorge schilderte. „Ich wohne", so sagte er, „in der gut eingerichteten Wohnung eines Bischofs. Mir tut niemand etwas. Ich leide also unter den Verhältnissen persönlich nicht, empfinde die tägliche Auseinandersetzung mit der kommunistischen Weltanschauung vielleicht sogar als eine befriedigende Aufgabe. Ganz anders ist aber die Lage der Gläubigen. Dabei denke ich weniger an die Alten. Die läßt man in Ruhe. Sie werden – so sagt sich die SED – ja aussterben. Anders aber die Jungen. Wenn ich ein Mädchen oder einen Jungen darum bitte, in der Arbeit einer katholischen Pfarrgemeinde mitzumachen, so ist darin die Konsequenz eingeschlossen, auf jedes normale, weitere Fortkommen in diesem Staat zu verzichten. Wer hier auch nur die geringste Karriere machen, also

z. B. studieren will, muß eine regimekonforme Gesinnung offenbaren. Ein Zeugnis für seinen katholischen Glauben abzulegen, wird als Regimegegnerschaft verstanden. Und wer ein solches Zeugnis ablegt, bekommt immer die Folgen zu spüren. Das ist mein Hauptproblem, diese indirekte, gehässige Repression", meinte er, und ich sah ihm seine innere Bewegung an, als er es aussprach. „Dennoch wenden wir uns an die junge Generation, weil wir darauf vertrauen, daß Gott ihnen das Opfer, um das wir sie bitten, einmal lohnen wird."

Papst Paul VI. erlebte im September 1977, als das DDR-Episkopat ihn in Rom besuchte, und er diesem den Plan der Verselbständigung von DDR-Bistümern eröffnet hatte, eine scharfe Gegenreaktion von Kardinal Bengsch, der dem Papst offen sagte, daß er eine solche Entscheidung nur im Gehorsam gegenüber der Kirche und nur schweren Herzens akzeptieren werde. Wie hart der Widerstand des Kardinals gegen die römischen Pläne war, läßt sich an einer Äußerung ablesen, die er gegenüber Peter Hermes, meinem Vorgänger in Rom und vormaligem Staatssekretär des Auswärtigen Amtes, machte: „In den letzten Jahren haben mir die Auseinandersetzungen mit dem päpstlichen Staatssekretariat in dieser Sache mehr zugesetzt als die mit dem SED-Regime." Bengsch und Hermes kannten sich aus Berliner Schülerzeiten; sie waren Klassenkameraden gewesen. Der ob der Haltung des Kardinals betroffene Papst ordnete an, das im Staatssekretariat bereits vorbereitete Dekret, das die Verselbständigung der DDR-Bistümer vorgesehen hatte, in Richtung der Schaffung von „Administraturen" zu ändern. Das feingesponnene Kirchenrecht bot dem Vatikan die Möglichkeit, der DDR-Regierung zwar noch nicht ganz, aber doch einen guten weiteren Schritt entgegen zu kommen. Die früher schon erfolgte Ernennung der in den Bistumsteilen in der DDR amtierenden Weihbischöfe zu „Administratoren" war nur eine deren persönlichen Status betreffende Maßnahme gewesen. Die Schaffung von „Administraturen" wäre dagegen eine die Territorien betreffende Entscheidung gewesen. Diese hätten zwar noch nicht den Rang von Bistümern gehabt, wären aber doch territorial vom Westen abgetrennt gewesen. Im Grunde wäre die territoriale Gliederung der katholischen Kirche in Deutschland der Grenze zwischen Bundesrepublik und der DDR angepaßt gewesen, verdeckt nur durch einen kirchenrechtlich minderen Status der DDR-Teile. Vor Inkrafttreten der Neuordnung sollten noch Konsultationen zwischen der Bundesregierung und dem Heiligen Stuhl stattfinden. In Bonn hatte man sich schon resignierend mit der Neuordnung abgefunden. Es ging nur noch um die Vereinbarung einer befriedigenden Begleiterklärung, in welcher die ausschließlich pastoralen Absichten des Vatikans herausgestellt und unterstrichen werden sollte, daß mit dieser Neuordnung keine Stellungnahme zu der Rechtslage in Deutschland verbunden sei.

Zu den Konsultationen kam es nicht mehr. Nachdem Paul VI. verstorben und Johannes Paul II. gewählt war, änderte der Vatikan seine Haltung zu den deutschen Bistumsgrenzen vollkommen. Als Außenminister Genscher, nach der Wahl von Wojtyla zum Papst, diesen zu einem ersten Meinungsaustausch aufsuchte, war er in Vorbereitung darauf noch mit Casaroli zusammengetroffen. Dieser hatte ihm lächelnd den Satz mit auf den Weg gegeben: „Dieser Papst wird Ihnen recht geben." Herr Genscher empfand darüber einige Erleichterung. Denn dieser Satz besagte ja nichts anderes, als daß das Problem der Neuordnung der Bistumsgrenzen im geteilten Deutschland vom Tisch war. Johannes Paul II. bestätigte meinem Vorgänger Hermes im Juli 1984 in Castel Gandolfo, daß er in der Frage der Bistumsgrenzen keine Entscheidung gegen das Votum der deutschen Bischöfe treffen werde.

So blieb es dann auch. Die Akte „deutsche Bistumsgrenzen" wanderte im Vatikan in die Ablage. Während meiner römischen Zeit gab es darüber noch einmal eine kurze Diskussion, als sich im Jahre 1988 die Möglichkeit eines Papstbesuches in der DDR am ferneren Horizont abzeichnete. Die deutschen Bischöfe in der DDR wünschten einen solchen Besuch. Die DDR-Regierung verfolgte die Pläne mit gemischten Gefühlen. Ein Besuch des Papstes hätte ihrem Regime zwar zu etwas mehr internationalem Ansehen verholfen. Doch mußten die SED-Größen sich auch daran erinnern, welche Menschenmassen dieser Papst bei Auslandsreisen mobilisiert hatte, vor allem bei den vorangegangenen Reisen in sein Heimatland Polen, und welche Folgen das dort gehabt hatte. Als ich in diesem Zusammenhang den damals amtierenden Leiter des Außenamtes des Vatikans, Erzbischof Angelo Sodano (den späteren Kardinalstaatssekretär), danach fragte, ob die DDR als Preis für die Zustimmung zu einem solchen Besuch nicht auf der Schaffung von DDR-Bistümern bestehen werde, sagte mir dieser beruhigend, daß der Papst darauf mit Sicherheit nicht eingehen werde. Das könne ich getrost nach Bonn berichten. So bestand also auch für mich kein Anlaß, das Thema weiter zu vertiefen.

Zu einer Neuordnung der deutschen Bistumsgrenzen kam es erst im Jahre 1993, also nach der deutschen Vereinigung. Danach waren für die Bundesregierung alle politischen Hemmnisse, die zuvor noch dagegen gesprochen hatten, entfallen. Die Schaffung von Bistümern in den neuen Bundesländern hatte eben nur noch pastorale Bedeutung.

Während meiner Zeit als deutscher Vatikanbotschafter traf ich mit Casaroli unzählige Male zusammen: als ich mich ihm im Herbst 1987 vorstellte, im Kreise der Botschafter der Europäischen Union, oft auch zu Einzelgesprächen, als die Mauer gefallen war und die Politik sich in Richtung deutsche Wiedervereinigung zu bewegen begann. Nachdem ich 1990 in den Ruhestand getreten war, traf ich ihn in Rom im März 1993 noch einmal zu einem langen Gespräch. Der Papst hatte ihn inzwischen von seinem Amt als Kardinalstaatssekretär entbunden. Die Ernte der päpstlichen Ostpolitik war eingefahren; die kommunistische Doktrin in Mittel- und Osteuropa hatte abgedankt.

Die Ziele des Vatikans seien, so sagte er mir, stets pastoraler Natur gewesen. Dem Heiligen Stuhl sei es immer darauf angekommen, in einer geduldigen, langfristig angelegten Politik die Wirkungsmöglichkeiten der den kommunistischen Systemen unterworfenen

Ortskirchen zu verbessern. Er habe nie einen Zweifel gehegt, daß das Sowjetimperium eines Tages untergehen werde. Die Sowjetideologie habe Elemente einer Unmenschlichkeit und Widernatur enthalten, an der sie einmal habe zugrunde gehen müssen. Er habe sich immer nur die Frage vorlegen müssen, „wann und wie“ dies einmal geschehen werde. Nicht geglaubt habe er, daß dies so schnell geschehen werde, wie es nach 1989 geschah, weil er die politischen Strukturen in den Ländern des „real existierenden Sozialismus“ für viel solider gehalten habe, als sie dies in Wirklichkeit waren. Auch habe er nie daran geglaubt, daß die Sowjetunion der deutschen Wiedervereinigung einmal zustimmen werde. Wer wollte ihm in der Rückschau daraus einen Vorwurf machen? War dies nicht genau die Einschätzung gewesen, die auch in der deutschen Öffentlichkeit vorherrschte?

Natürlich habe sich – so Casaroli weiter – die Frage immer neu gestellt, was opportunerweise getan werden könne, um die Lage der Ortskirchen zu verbessern. In der Tat! Diese Frage stellte sich auch den westlichen Staaten bei der Bewertung der allgemeinpolitischen Lage. Wenn Casaroli mit Papst Paul VI. mehr auf die Möglichkeit von Verständigungen mit den kommunistischen Regimen setzte, so mochte er dabei auch von den italienischen Verhältnissen beeinflußt gewesen sein. Auch unter den italienischen Christdemokraten gab es bekanntlich zu jener Zeit die Neigung zu innenpolitischen Kompromissen mit der starken italienischen kommunistischen Partei. Die Bischöfe in der DDR und in anderen Ostblockstaaten, vor allem in Polen, hielten davon aber nichts. Ging es Paul VI. und Casaroli damals, wie letzterer mir sagte, um die pastoralen Bedürfnisse von Kirche und Gläubigen, so hätten sie wohl mehr in Rechnung stellen sollen, daß die Bischöfe vor Ort davon eine bessere Vorstellung haben dürften als das ferne Rom. Dies galt zumindest für die letzten Jahre des Pontifikates von Paul VI., als sich während des KSZE-Prozesses die Veränderungen im Ostblock abzuzeichnen begannen. Wie sehr der Vatikan auch in jenen Zeiten noch bereit war, sich über die Vorstellungen der Ortskirchen in den Staaten des Ostblocks hinwegzusetzen, ist aus einem Promemoria ersichtlich, das Paul VI. im September 1977 während des zuvor schon erwähnten Treffens mit Bischöfen aus der DDR diesen überreichen ließ und in dem es heißt: „Der Heilige Stuhl hat eine bessere Übersicht als die Bischöfe in den einzelnen sozialistischen Ländern, die begreiflicherweise zuerst ihre eigene Situation mit den jeweils örtlich gegebenen Schwierigkeiten sehen." Daß es den Mitarbeitern von Casaroli im Vatikan, vor allem dem Erzbischof und späteren Kardinal Achille Silvestrini, in der Rückschau auf die Kontroverse mit der deutschen Ortskirche wegen der Bistumsgrenzen nicht ganz wohl zumute war, läßt sich daran ablesen, daß dieses Kapitel in den nachgelassenen, im Juni 2001 nach dem Tode Casarolis von Silvestrini mitherausgegebenen Schriften ganz ausgeblendet bleibt. Man wollte im Vatikan daran wohl nicht mehr erinnert werden.

Johannes Paul II. war der Exponent der anderen vor Ort gebildeten Auffassungen. Dies trat alsbald deutlich zutage. Er hielt aus seiner langen Erfahrung im Umgang mit der kommunistischen Herrschaft eine Politik des Nachgebens für unangebracht. Außerdem hatte er eine wirklichkeitsnahere Sicht von dem, das unter der Oberfläche im Sowjetimperium inzwischen herangereift war. Er hielt die Zeit für gekommen, diesen Reifeprozeß tatkräftig zu fördern. Er wollte die Lage nicht „verbessern", sondern von Grund auf „verändern".

Es ist keine unbegründete Spekulation, daß die deutschen Kardinäle dies vorausgesehen hatten, als sie nach dem kurzen Pontifikat von Johannes Paul I. erneut in Rom in das Konklave eingetreten waren, aus der der Krakauer Kardinal als der neue Papst heraustreten sollte. Für sie hatte es ebenso wie für die aus allen Ostblockstaaten angereisten Kardinäle eine überragende Bedeutung, welche Einstellung der neue Papst zu dem Umgang mit den kommunistischen Regimen in Mittel- und Osteuropa haben werde. Da sie die Auffassungen des Krakauer Erzbischofs kannten, konnten sie erwarten, daß er auch in der Frage der deutschen Bistumsgrenzen eine andere Auffassung durchsetzen werde, als Paul VI. sie gehabt hatte.

Natürlich lassen sich die Motive, die das Kardinalskollegium bei der Wahl eines Papstes bewegen, nicht auf einen Gesichtspunkt verkürzen. Den Ausschlag gibt die in dem Kollegium vorherrschend gewordene Überzeugung, daß der von ihnen zu Wählende nach seinem Glaubensfundament, seiner Persönlichkeitsstruktur in der konkreten Lage, in der sich die Weltkirche befindet, der Geeignete sei, diese in dem nächsten Abschnitt ihrer Geschichte als der Nachfolger Petri zu leiten. Da die Frage, wie mit dem Weltkommunismus umzugehen sei, für die Kirche in diesem Oktober 1978 eine überragende Bedeutung hatte und die Deutschlandfrage dabei mit im Zentrum stand, ist es keine unbegründete Spekulation, daß diese einer der Gesichtspunkte war, welche die Kardinäle bei der Wahl von Johannes Paul II. orientierten.

Die Wendung, welche die vatikanische Politik mit dem Amtsantritt von Johannes Paul II. in der Deutschlandfrage vollzog, kann aber nicht mit einem vollkommenen Bruch mit dem Ideengut der Ostpolitik der vorangegangenen Pontifikate gleichgesetzt werden. Der neue Papst machte Casaroli, den Architekten dieser Politik, zu seinem Kardinalstaatssekretär und dessen wichtigsten Gehilfen Silvestrini zu dem Chef des kirchlichen Außenamtes. Damit wollte er sich deren Loyalität versichern und sich zugleich den großen Erfahrungsschatz nutzbar machen, den diese in jahrelangem Wirken angesammelt hatten. Doch ebenso lag es in der Natur der Sache, daß er seine Lebenserfahrung im Umgang mit der kommunistischen Idee und der kommunistischen Wirklichkeit einbrachte, und die Kraft seiner Persönlichkeit die vatikanische Ostpolitik mehr und mehr zu prägen begann, was die wesentlichen Akzentverschiebungen der Art zur Folge hatte, wie sie im Umgang mit der Deutschlandfrage deutlich wurden.

Was das Pontifikat von Johannes Paul II. der Kirche und der Welt bringen werde, das konnte nach seiner Wahl im Oktober 1978 niemand vorhersagen – nicht einmal er selbst. Ich erinnere mich, daß, wenn damals darüber gesprochen wurde, von einem neuen Geist die Rede war, der in der Kirche Einzug gehalten habe. Der Vatikan, die Zentrale der Kirche, habe sich nun endgültig von den italienischen Traditionen gelöst, den Charakter der Kirche als Weltkirche herausgekehrt. Das liege ganz auf der Linie des Zweiten Vatikanischen Konzils. Es wurde auch von dem Unbehagen gesprochen, mit dem die Wahl im kommunistischen Machtbereich aufgenommen worden sei. Viel mehr war aber damals kaum zu hören.

Auch die Kardinäle, aus deren Wahl der Papst hervorgegangen war, hatten nur ganz allgemeine Vorstellungen von dem mit der Wahl begonnenen neuen Kapitel der Kirchengeschichte. Kardinal Joseph Ratzinger, damals noch Erzbischof von München, erinnerte nach seiner Rückkehr aus Rom Anfang November 1978 die Presse daran, daß eine Papstwahl sich grundlegend „von den uns gewohnten parlamentarischen Wahlvorgängen unterscheidet." Es gebe keine Kandidaten, die das Amt anstrebten, „sondern nur Personen, die hoffen, daß es an ihnen vorübergehe, die aber im gegebenen Augenblick bereit sind, es im Gehorsam anzunehmen." Es gebe vor einer Papstwahl auch keine Programmdebatten. Dies „wäre schon deswegen sinnlos, weil solche Programmvorstellungen einen künftigen Papst niemals binden würden." Das Kirchenrecht lasse das nicht zu. Natürlich habe es Gespräche in kleineren Kreisen dazu gegeben, wer geeignet sei: „ein Überzeugter und Überzeugender... nicht nur Theoretiker der Glaubens ... sondern einer, der den Glauben in der Begegnung mit den Menschen und in der Leidenschaft für den Menschen weiterzugeben vermag." Ratzinger verhehlte nicht, daß im Vergleich mit Vertretern der römischen Kurie „die Bischöfe, die tatsächlich in einem Bistum stehen, insoweit ein gewisses Plus hatten". Der neue Papst werde sich in besonderer Weise der Einheit der Kirche widmen. Mit dem in Rom praktizierten kurialen Stil werde er voraussichtlich lässiger umgehen als seine Vorgänger. So habe er die erste Huldigung der Kardinäle in der Sixtina nicht, wie zuvor immer üblich gewesen, auf dem Papstthron sitzend, sondern stehend entgegengenommen. Zu den zu erwartenden Reaktionen auf die Wahl im Ostblock äußerte sich Ratzinger vorsichtig und zurückhaltend. Durch die Wahl Wojtylas würden sicher allerhand Überlegungen ausgelöst werden, auch wenn die Kardinäle „nicht versucht haben, mit einem Mann aus dem Ostblock sozusagen politische Akzente zu setzen." Was im Klartext wohl hatte sagen wollen, daß es die Absicht der Kardinäle nicht gewesen sei, die ohnehin schwierige Lage der Ortskirchen im Ostblock noch schwieriger zu machen. Ebenso vorsichtig äußerte er sich zu dem in den Jahren zuvor so strittig gewesenen Problem der deutschen Bistumsgrenzen. Denkbar sei eine Lösung ohne „die rechtliche Abtrennung von den Bistümern in der Bundesrepublik."

In einer anderen Vorhersage irrte der Kardinal. Der neue Papst werde zwar den Vatikan „nicht als ein Ghetto betrachten, aus dem er nicht heraus darf." Er werde aber kein „Reisepapst" sein. Nach den 25 Jahren des Pontifikates von Johannes Paul II. und den über hundert Reisen, die ihn immer wieder in die Welt hinaustreten ließen, wird man ihm das Etikett „Reisepapst" wohl nicht mehr verweigern können.

Ein Flächenbrand

Karol Wojtyla ist von den in seinem Lebensweg gemachten guten und bitteren Erfahrungen geprägt. Geboren am 18. Mai 1920 in Wadowice, nahe Krakau. Aufgewachsen in einer Familie, deren Tagesläufe in Glaube und Sitte streng von christlich-katholischem Geist geprägt waren. Um ihn herum in seinen Kinderjahren der Stolz Polens, seine Einheit 1919 nach 120 Jahren aufgezwungener Teilung gegen die drei mächtigen Nachbarn Rußland, Preußen und Österreich-Ungarn wiedergewonnen zu haben. Doch auch der besondere, weltoffenere Geist von Krakau: früher einmal Krönungsstadt und Sitz polnischer Könige, seit 1364 Universitätsstadt, im 19. Jahrhundert Zentrum polnischer Unabhängigkeitsbewegungen, zugleich aber eine der blühendsten Städte der österreichisch-ungarischen Doppelmonarchie, der sein Vater als Beamter gedient hatte. Als Student erlebte er den Terror der Hitlerokkupation. Dann die Kirchenverfolgung durch das von Stalin Polen auferlegte kommunistische Regime. Seine Lebenserfahrung als Priester, der er seit dem 1. November 1946 war, als Professor der Theologie an der katholischen Universität von Lublin 1954–1958. Die tägliche, sowohl praktische als auch ideologische Auseinandersetzung mit dem kommunistischen Regime, vor allem nach seiner Bischofsweihe am 28. September 1958. Das Erleben des äußeren und inneren Niedergangs des kommunistischen Regimes in Polen. Der aufkeimende Stolz, daß sich seine Nation in ihrer Bedrängnis immer mehr um die katholische Kirche und deren Kirchenfürsten scharte, deren einer er geworden war, seit Papst Johannes XXIII. ihn am 13. Januar 1964 zum Erzbischof von Krakau bestellt, Papst Paul VI. ihm am 26. Juni 1967 die Kardinalswürde verliehen hatte.

Dieser Lebensweg prägte ihn, lehrte ihn die Menschen zu kennen, Wichtiges von Unwichtigem zu unterscheiden, an Kernbereichen seiner Überzeugungen aber unbeirrt festzuhalten. Daß ihn seine Lebenserfahrungen gelehrt hatten, tiefer und weiter zu schauen als seine Zeitgenossen, konnten auch deutsche Besucher feststellen, die den Erzbischof von Krakau lange vor dem Beginn des politischen Klimawechsels im kommunistischen Machtbereich besuchten. So stellte Kardinal Julius Döpfner, der ihn als Vorsitzender der Fuldaer Bischofskonferenz zu Beginn der 70er Jahre in Krakau besuchte, fest, daß Wojtyla sich in seinen Gesprächen kaum noch damit beschäftigte, was zu tun sei, um den Kommunismus zu Fall zu bringen, sondern nur noch damit, was in der Ära danach geschehen müsse. Döpfner sagte nach dem Gespräch zu seiner mitgereisten Begleitung – erstaunt ob des Optimismus seines Krakauer Bischofskollegen, was den nahen Untergang der kommunistischen Herrschaft anging – kopfschüttelnd in der ihm eigenen, nicht immer kardinalsgemäßen Ausdrucksweise: „Der spinnt ja."

Silvestrini, der nach seiner Tätigkeit im Staatssekretariat zum Kardinal aufgestiegen war, sagte mir bei einem Treffen im Jahre 1993, daß Wojtyla den KSZE-Prozeß stets sehr viel positiver, zukunftsträchtiger beurteilt habe als der damalige Kardinalprimas Wyszynski. Während dieser die Stabilisierung der kommunistischen Regime durch den Prozeß befürchtet habe, sei es schon damals Wojtyla gewesen, der klarer vorhergesehen habe, welche Sprengwirkung einmal die Beachtung der Prinzipien des Korbes III der KSZE-Akte in den Staaten des Warschauer Paktes entfalten werde. Wyszynski war in jenen Jahren der mutige, kein Anecken scheuende Wortführer der polnischen Ortskirche – Wojtyla dagegen der ruhigere, bedächtig Weiterschauende, der in Fragen der Glaubensprinzipien aber nicht kompromißbereiter war als sein Kardinalprimas und deswegen die Schwächen der kommunistischen Herrschaft vielleicht sogar noch früher und besser durchschaut hatte als jener.

Eine Grundwelle war es, die der erste Besuch des Papstes im Juni 1979 in seiner Heimat auslöste, eine Massenbewegung von nie gekanntem Ausmaß, für die kommunistische Führung des Landes ein Flächenbrand. An die 6 Millionen Polen sollen es gewesen sein, die sich bei seinen öffentlichen Auftritten, Messen, Kundgebungen zu ihm drängten. Die Polen, die ihren Papst nicht mit den eigenen Augen zu Gesicht bekamen, erlebten ihn am Bildschirm. Die Wahl des Papstes und dessen erster Besuch in seiner Heimat im Jahre 1979 lösten den friedlichen Volksaufstand aus, der sich im Sommer des darauffolgenden Jahres aus dem Streik der Danziger Werftarbeiter, der Gründung der Gewerkschaft Solidarnosc, bald über ganz Polen ausbreitete, Millionen von Polen erfaßte und am Ende den Elektriker Lech Walesa an die Spitze des polnischen Staates tragen sollte. In diesem Sommer 1979 vollzog sich in Polen, wie auch heute noch aus der Rückschau festzuhalten ist, die Wende in der Gesamtentwicklung, das Ereignis nach welchem, wie ich aus den Memoiren von Jaruzelski schon zitierte, „nichts mehr so war wie vorher“. Die Bewegung, die der Papst auslöste, kam aus der Tiefe der polnischen Volksseele, also von jenseits der Sphären, über die eine Staatsmacht herrschen kann. So erlebte die polnische Partei- und Staatsführung die Wahl von Wojtyla zum Papst, seinen ersten Besuch in Polen, mit sehr gemischten Gefühlen. Den Folgen stand sie ohnmächtig gegenüber.

Doch was trug der Papst dazu bei? Aus keiner seiner Predigten, seinen Ansprachen, Reden bei öffentlichen Auftritten konnte eine offene Konfrontation mit dem herrschenden kommunistischen Regime herausgelesen werden. Im Gegenteil: Bei seiner Ankunft in Warschau am 2. Juni 1979 dankte er dem „Präsidenten des Staatsrates der Volksrepublik Polen" für die von diesem an ihn ergangene Einladung und fuhr fort: „Mein Besuch hat rein religiöse Gründe. Zugleich ist es aber mein Wunsch, daß meine jetzige Reise nach Polen der großen Sache der Annäherung und der Zusammenarbeit zwischen den Nationen diene; daß sie der gegenseitigen Verständigung, der Versöhnung und dem Frieden in der heutigen Welt diene. Schließlich wünsche ich, daß die Frucht meines Besuches die innere Einheit meiner Landsleute sei wie auch eine weitere günstige Entwicklung in den Beziehungen zwischen dem Staat und der Kirche in meinem geliebten Vaterland."

Die Regierung wird nur mit einem freundlichen Dankeschön für den Empfang und für die gute Organisation des Besuches bedacht, die kommunistische Partei nicht mit einem Wort erwähnt, obwohl diese damals in den realen, in Polen wie in allen Ostblockländern herrschenden Machtverhältnissen die doch alles bestimmende Kraft war. Da der Papst die Partei und deren Ideologie ganz unerwähnt ließ, wertete er sie als Gegner ab, machte sie zu einem Faktor, der in seinen Augen abgewirtschaftet hatte. Johannes Paul II. blieb der nur indirekten Auseinandersetzung mit den in Polen herrschenden Verhältnissen bis zu Ende des Besuches treu. Nur hier und da, fast nebenbei, blitzte etwas von dem auf, das den tiefen Graben deutlich machte, den Kirche und Staat bei aller äußerlich beschworener Harmonie trennte. Die Kirche beanspruche für sich in Polen „keine Privilegien", aber bestehe auf Religionsfreiheit, so vor der polnischen Bischofskonferenz am 5. Juni 1979: „Für eine Normalisierung der Beziehungen zwischen Kirche und Staat spricht in unserer Epoche die Rücksicht auf die grundlegenden Menschenrechte, unter denen das Recht auf Religionsfreiheit eine unzweifelbare und fundamentale und zentrale Bedeutung hat."

Seit der Wahl von Karol Wojtyla zum Papst der römischen Kirche, seinem ersten Besuch in seiner Heimat im Juni 1979 ging es nicht mehr darum, die Grenzen der Macht zwischen Kirche und Staat in Polen neu zu ziehen. Darum war es in den Kirchenkämpfen der Vergangenheit gegangen, und dem wortgewaltigen, von Partei und Staat gefürchteten Kardinalprimas Wyzsynski war es dabei gelungen, dem Staat ein Stück des Machtterrains nach dem anderen abzutrotzen. Johannes Paul II. war an diesen Kirchenkämpfen beteiligt gewesen. Allerdings hatte die kommunistische Staatsführung ihn als einen sanften, mehr im Theologischen bewanderten Priesterdichter bewertet, mit dem leichter umzugehen sei als mit dem überall aneckenden Wyzsynski. Doch war auch der sanftere Protest des Erzbischofs von Krakau in seiner Hartnäckigkeit nicht erfolglos gewesen. So hatte er der Krakauer Parteiführung in einem jahrelangen beharrlichen Streiten den Bau einer Kirche in Nova Huta, der Industrievorstadt von Krakau, abgerungen. Ganz kirchenlos hatte diese Vorstadt, die um ein Stahlkombinat errichtet worden war, nach den Willen der Parteiführung sein sollen. Jahr für Jahr hatte der Erzbischof daraufhin unter Beteiligung einer vieltausendköpfigen Menge auf freiem Feld nahe dieser Vorstadt Messen gefeiert, vor allem die Mitternachtsmesse am Weihnachtstag. 1967 hatte die Parteiführung diesem Druck nachgebend die Genehmigung für den Bau einer Kirche erteilt, die dann – nochmals zehn Jahre später – vom Erzbischof triumphal eingeweiht wurde. Bei seinem ersten Besuch in Polen konnte der Papst in seiner Predigt in der Heilig-Kreuz-Kirche in Mogila bei Krakau am 9. Juni 1979 mit einem gewissen Stolz an die Errichtung des weithin sichtbaren Kreuzes und den diesem gefolgten, von ihm selbst dann geweihten Kirchenbau in Nova Huta erinnern.

Die schlichte Tatsache, daß der Papst sich in seinen öffentlichen Reden und Predigten im Bereich der pastoralen Verkündigung hielt, der offenen Auseinandersetzung mit der Partei- und Staatsführung sogar aus dem Weg ging, gab seinen Auftritten paradoxerweise eine bis dahin ungeahnt gewesene politische Dimension. Denn so kam es über die Machtabgrenzung zwischen Kirche und

Staat hinaus zu der existentielleren Konfrontation mit der herrschenden kommunistischen, atheistischen Staatsreligion, welche die Legitimation für die kommunistische Herrschaft bildete und die, wie jeder Hörer wußte, der christlichen Botschaft so ganz entgegengesetzt war. Johannes Paul II. konnte nicht wie die westliche Allianz in der Ost-West-Rivalität Waffen und Warenangebote auf die Waage legen. Dennoch war seine Opposition gegen die marxistische Doktrin substanzgeladener als die der Allianz, da sie tiefer in den Bereich der Überzeugungen eindrang – in die Dimensionen des Seins, aus denen wir Menschen Lebenssinn und Orientierung schöpfen. Es war das christliche, über das Materielle hinausweisende Menschenbild, das sich durch ihn zu Wort meldete – es war das christliche Geschichtsverständnis, nach welchem Geschichte neben allem, das in dieser lebendig sein mag, auch Heilsgeschichte ist – es war die christliche Friedensbotschaft – es war die katholische Soziallehre. Die kommunistische Staatsführung und der Papst wußten ebenso wie die Millionen Polen, die den Papst hörten, daß es für eine vollkommene „Normalisierung" der Beziehungen zwischen Staat und Kirche Hürden gab, die beide nur um den Preis der Selbstaufgabe hätten überspringen können. Der Papst konnte der Botschaft des Evangeliums nicht untreu werden. Der polnische Staat konnte unter den damals herrschenden Verhältnissen dem allgemeinen, im Sowjetimperium geltenden Gesetz nicht entfliehen, daß Staat, Gesellschaft und Wirtschaft sich der Ideologie des Marxismus-Leninismus zu unterwerfen hatten. Polen war nun einmal ebenso wie alle anderen Staaten des Sowjetimperiums der Theorie nach immer noch ein atheistischer Weltanschauungsstaat, über dem die vom sowjetischen Parteichef Breschnew dekretierte, nach ihm benannte Doktrin lauerte, daß es keinem Staat des Imperiums erlaubt sei, den Marxismus-Leninismus abzustreifen und daß diesem im Falle des Verstoßes die gewaltsame Niederschlagung dieses Abgehens vom rechten Wege drohe. Daß dies nicht nur Theorie war, hatte die Sowjetunion schon bewiesen: 1953 in der Sowjetzone Deutschland, 1956 in Ungarn, 1968 in der CSSR. Da weder der Papst noch die Partei- und Staatsführung den Anspruch, dem sie unterstanden, abstreifen konnten, steuerte der Konflikt mit einer unerbittlichen inneren Logik auf die Zerreißprobe zu.

Doch noch ein zweites Feld gab es, in welchem sich zwischen dem Besucher aus Rom und der kommunistischen Staatsführung ein unüberbrückbarer Gegensatz auftat: in dem Streit darum, wo der polnische Patriotismus seine Wurzeln habe, in der kommunistischen Führung oder in den katholischen Glaubenstraditionen. Der Staat hatte während der gesamten Nachkriegszeit versucht, dem eigenen Regime über die kommunistische Ideologie hinaus einen vaterländischen Anstrich zu geben. Auch für die enge Anlehnung an Moskau waren nationale Gründe vorgegeben worden: die Behauptung, daß nur die große sowjetische Brudermacht der polnischen Nation Schutz vor dem deutschen Revanchismus biete, d.h. Schutz vor der deutschen Forderung nach Wiedergewinnung der 1945 an Polen verlorenen deutschen Ostgebiete. Deswegen hatte die Regierung auch alle versöhnlichen Töne, die zwischen den polnischen und den deutschen Bischöfen angeklungen waren, mit Mißtrauen verfolgt und öffentlich angeklagt. Mit solchen propagandistisch vorgetragenen Thesen hatte das Regime aber die Tiefe der polnischen Nation nicht erreicht. Dem stand das im katholischen Glauben verwurzelte, geschichtlich gewachsene polnische Nationalgefühl entgegen. Johannes Paul II. nahm die Legitimation, für die polnische Nation zu sprechen, ganz unbekümmert für die katholische Kirche in Anspruch. Jede seiner Predigten, seiner Reden griff in die Geschichte zurück, war mit Hinweisen auf Heilige, Fürsten durchsetzt, die sowohl dem Glauben, der Kirche, als auch der Nation gedient hatten. Und immer wieder die Madonna von Tschenstochau: die Mutter der polnischen Nation. Die politische Botschaft, die davon ausging, war eindeutig: Auch unter den Verhältnissen der Gegenwart ist die katholische Kirche der legitime Hort der Nation. Das kommunistische Regime in Warschau ist der Nation fremd, zudem noch von Gegnern der Nation, den Russen, dieser auferlegt. Bittere Geschichtserfahrungen der polnischen Nation kamen dem Papst dabei zur Hilfe. Jeder Pole wußte und weiß auch heute noch, daß die Kirche die nationale Identität bewahrt und gerettet hatte, seit das Land mit der letzten polnischen Teilung im Jahre 1795 unter die Herrschaft von Preußen, Russen und Österreichern gelangt war. Über 120 Jahre hatte die Fremdherrschaft gedauert, bis mit dem Ende des Ersten Weltkrieges der polnische Staat wieder erstanden war. Sich abzugrenzen von den orthodoxen Russen und den protestantischen Preußen, war ein Teil der polnischen Staatsraison geworden. Die Gegnerschaft gegen die mildere, überdies auch katholische Herrschaft der österreichisch-ungarischen k. u. k.-Monarchie war weniger entwickelt gewesen. Pole zu sein und katholisch zu sein, war der Nation seither vermischt durch die Adern geflossen. Das „aus der katholischen Einheit der Kirche resultierende geistige Erbe" – so sagte der Papst am 5. Juni vor der Bischofskonferenz in Tschenstochau – sei „in den besonders schweren Zeiten zu einem verbindenden, Identität und Einheit der Nation sichernden Faktor" geworden. Schon zuvor hatte er in einer Predigt auf dem Siegesplatz in Warschau dies noch militanter ausgedrückt: „Der Ausschluß Christi aus der Geschichte der Menschen ist ein gegen den Menschen selbst gerichteter Akt. Ohne Christus kann man die Geschichte Polens nicht verstehen." Und weiter mit einem deutlichen Seitenhieb auf die Sowjetunion, deren Truppen 1944 tatenlos vor den Toren Warschaus abgewartet hatten, bis der Aufstand in Warschau von deutscher Wehrmacht und SS blutig niedergeschlagen worden war: „Es ist unmöglich, diese Stadt, Warschau, die Hauptstadt Polens, die sich im Jahre 1944 auf einen ungleichen Kampf gegen den Aggressor einließ – einen Kampf, bei dem die verbündeten Mächte sie im Stich ließen, einen Kampf, in dem sie unter ihren eigenen Trümmern begraben wurde – zu verstehen, wenn man sich nicht daran erinnert, daß unter diesen gleichen Trümmern auch Christus, der Erlöser, mit seinem Kreuz lag, das sich heute vor der Kirche in Krakau-Vorstadt befindet."

Bei seinem Abschied auf dem Flughafen von Balice am 10. Juni 1979 nahm er diese Gedanken noch einmal auf: „Der Besuch des Papstes in Polen ist gewiß ein Ereignis ohne Beispiel, nicht nur in diesem Jahrhundert, sondern auch im ganzen Jahrtausend polnischen Christentums. Dies um so mehr als es sich um den Besuch eines Polen-Papstes handelt, der das heilige Recht hat, die Gefühle seiner Nation zu teilen. Dieses Band ist ja ein wesentlicher Teilfaktor seines Petrusdienstes in Beziehung zur allgemeinen Kirche."

Die polnische Partei- und Staatsführung erlebte die Wahl von Wojtyla zum Papst, seinen ersten Besuch in Polen, mit sehr gemischten Gefühlen. Die Gegensätze, die sich während des Besuches zwischen Staat und Kirche auftaten, waren zwar nicht neu. Sie waren die gleichen, um die auch in den vergangenen Jahrzehnten Staat und Kirche immer wieder gerungen hatten. Daß sie mit dem Besuch des Papstes aber eine neue Personifizierung erhielten, die ganze polnische Nation sich davon angesprochen fühlte und auch die Weltöffentlichkeit mehr als in den Jahren zuvor ihre Augen auf Polen richtete, gab den Problemen eine neue, zuvor ungeahnt gewesene Dimension. Erschwerend kam für die polnische Staatsführung der Stolz eines jeden Polen hinzu, daß einer der ihren an die Spitze der römischen Weltkirche gewählt war. Von diesem Stolz war auch die polnische kommunistische Staatsführung nicht frei, wie Jaruzelski in seinen Memoiren einräumt. Sich einem polnischen Papst offen entgegenzustellen, war dieser völlig unmöglich. Sie hätte dazu das eigene Nationalgefühl besiegen und sich der ganzen Nation entgegenstellen müssen. Es begann das Grollen in der polnischen Volksseele, dem das kommunistische Regime immer hilfloser gegenüberstand. Wie sollte sich dieses auch verteidigen? Dieser Mann, der Papst, kam ja als Mann des Friedens. Er predigte soziale Gerechtigkeit. Gehörte nicht dieses wie jenes auch zu dem Partei- und Staatsprogramm? Als dann das Regime sich auch noch Schritt für Schritt und Stück für Stück immer unfähiger erwies, die wirtschaftlichen und sozialen Probleme des Landes zu meistern, war in einer allgemeinen Atmosphäre der Stagnation und des Durchwurstelns (wie gleichzeitig in der UdSSR unter Breschnew) eine Situation entstanden, in der kleine Funken genügten, um den Ruf nach einer nationalen Gegenlegitimation übermächtig werden zu lassen.

Die Madonna von Tschenstochau gegen Lenin

Es begann in Lublin am 18. Juli 1980: Alle städtischen Betriebe streiken, die Verkehrsbetriebe, das Elektrizitätswerk. Andere Werke folgen. Die Forderungen bleiben im Sozialen: Löhne, Arbeitsbedingungen. Die Streikwelle geht über das Land: Breslau, Posen, Warschau. Am 14. August 1980 erreicht sie die Lenin-Werft in Danzig. Zum ersten Mal gehen die Forderungen einen Schritt über den sozialen Bereich hinaus: Wiedereinstellung der aus politischen Gründen von der Werksleitung gefeuerten Kranführerin Anna Walentynowicz, Errichtung eines Denkmals für die Opfer der Danziger Unruhen von 1970 (also Forderung nach einem Schuldeingeständnis des Regimes).

Am 15. August 1980 springt ein Mann über den Zaun der von den Arbeitern besetzten und von außen durch Sicherheitskräfte abgeriegelten Lenin-Werft, ein Elektriker, einer der Arbeiter, den die Werksleitung nach den Unruhen des Jahres 1970 als einen der „Rädelsführer" gefeuert hatte: Lech Walesa. 10 Jahre hatte er sich und seine wachsende junge Familie mit verschiedenen Jobs, Gelegenheitsarbeiten durchgeschlagen. Er hatte auch wohl viel nachgedacht, wie man es bei der nächsten Gelegenheit anders und besser machen könne. Nun bot sich die Gelegenheit. Bald war er der Mittelpunkt. Mit ihm und unter ihm erhielt der Streik ein Programm, ein politisches Profil und eine Organisation: freie Gewerkschaften gegen die allumfassende Parteimacht, friedlicher, kontrollierter Protest gegen Staatsgewalt. Sein quirliger Verstand brachte dies alles zusammen. Er war klüger und weitsichtiger als einige Radaumacher und realitätsnäher als die Intellektuellen, die sich der Arbeiterbewegung anschlossen. Daraus wurde die Gewerkschaft „Solidarnosc" – Solidarität. Sie gab es bald im ganzen Land: in Dachkammern, Hinterhöfen. Ihre Werkzeuge: da und dort eine Schreibmaschine, ein Kopiergerät. Ihre Anhängerschaft: Zehntausende, Hundertausende, bald eine Million. Einige Jahre später, als sich das Regime dieser Bewegung schließlich in freier Wahl stellen mußte, sollten es an die zehn Millionen Polen sein, die sich bei der

Solidarnosc eingeschrieben hatten. Aus den Danziger Streiks war ein friedlicher Volksaufstand geworden, zu dem sich mehr als ein Viertel der gesamten polnischen Bevölkerung durch ihre Unterschrift dauerhaft bekannt hatten.

Solidarnosc stellte weder die Zugehörigkeit Polens zum Sowjetblock noch das geltende sozialistische Wirtschaftssystem in Frage. In ihrem Forderungskatalog gab es einen Kernpunkt, um den sich schließlich alles drehte: die Zulassung und Registrierung als freie Gewerkschaft. Wenig nur, hätte ein an westliche Verhältnisse gewohnter Beobachter sagen können. Dennoch zielte diese Forderung darauf ab, die gesamten Verfassungsverhältnisse, die gesamten Machtverhältnisse auf den Kopf zu stellen. Denn in dem Arbeiter- und Bauernstaat war doch für alles bereits gesorgt. Es gab eine Gewerkschaft. Daß diese nur eine Filiale der Partei war, störte doch nicht, da die Partei, wie sie sagte, die Inkarnation der kollektiven Arbeiter-und Bauerninteressen war. Die Forderung nach Registrierung als „freie Gewerkschaft“ enthielt die Forderung nach dem Eingeständnis, das die herrschende Staats- und Parteiideologie nichts anderes als eine Farce, eine Lüge war.

Solidarnosc war nicht von der polnischen Kirche gegründet worden, mochten deren Anhänger sich auch überwiegend aus der Schar der katholischen Gläubigen rekrutieren und auch viele Prieser in dieser aktiv sein. Die Kirche hatte in den vergangenen Jahrzehnten nur um Freiheit für ihr pastorales Wirken gestritten; Solidarnosc stellte dagegen indirekt das kommunistische System in Frage. Daß sie sich dabei schon durch ihre Namensgebung mit dem Ideengut der katholischen Soziallehre verband und ihr unbestrittener Anführer Lech Walesa dem durch das öffentliche, demonstrative Zurschaustellen seines Glaubens mit dem Emblem der Madonna von Tschenstochau im Knopfloch Ausdruck verlieh, gab der Gewerkschaftsbewegung eine zusätzliche, die ganze Nation erfassende Schubkraft.

Seit diesem Sommer des Jahres 1980 kommt Polen nicht mehr zur Ruhe. Nach schwierigen Gesprächen kommt es im August zu einer Vereinbarung zwischen den Führern der Streikbewegung und der Regierung – für Solidarnosc und deren Wortführer Walesa ein erster wichtiger psychologischer Erfolg; denn sie werden damit als Gesprächspartner von der Regierung anerkannt. Kurz darauf wird Parteichef Edward Gierek abgelöst; sein Nachfolger wird Stanislaw Kania. Für einige Wochen beruhigt sich die Lage. Im Januar 1981 flammen Streiks wieder auf. Walesa reist nach Italien und wird dort von Johannes Paul II. empfangen. Am 28. Mai 1981 stirbt Kardinalprimas Wyzsynski. Sein Nachfolger wird Kardinal Jozef Glemp. Im September 1981 fordern Kongresse von Solidarnosc Parlamentswahlen und Wirtschaftsreformen. Am 18. Oktober 1981 tritt Parteichef Kania zurück; sein Nachfolger wird Jaruzelski. Da auch die neue Regierung der Streikbewegungen nicht Herr wird, verhängt sie am 13. Dezember 1981 über das Land das Kriegsrecht. Die Armee übernimmt die Macht. Walesa und mehr als 1000 Anhänger von Solidarnosc werden interniert. Deren Versuch, Polen ein Stück auf dem Weg zur Freiheit nach vorne zu bringen, scheint gescheitert. Auch das Jahr 1982 bringt keine Ruhe. Es kommt immer wieder zu Zusammenstößen zwischen Bevölkerung und Polizei. Am 8. Oktober 1982 wird Solidarnosc formell durch Gesetz verboten und aufgelöst.

Wie reagierte das Sowjetimperium?

Die Klammer, welche das Sowjetimperium zusammenhielt, war das Bekenntnis zum Marxismus-Leninismus – in der Sowjetunion und in allen Blockstaaten; die Treue zur Doktrin war ein Maßstab für die Blocktreue. So war es nur natürlich, daß das Rütteln an der Doktrin durch Solidarnosc in Polen nicht nur in Moskau, sondern auch in allen anderen Hauptstädten des Imperiums als ein Rütteln an den Säulen der eigenen Herrrschaft verstanden und überlegt wurde, wie dieser Drohung Herr zu werden sei.

Am 13. Mai 1981 streckt ein Attentäter türkischer Herkunft den Papst auf dem Petersplatz mit Pistolenschüssen nieder. Eine Notoperation rettet dem Papst das Leben. Noch heute leidet er unter den Schmerzen der Narben, die die Verletzungen hinterließen. Die Ermittlungen, die der Festnahme des Attentäters folgen, geben Hinweise auf eine Urheberschaft des bulgarischen Geheimdienstes. Da dieser zu jener Zeit, wie jedermann wußte, eine Filiale des Moskauer KGB war, gehörte nicht viel dazu, um darauf zu schließen, wo die Verantwortlichen für das Attentat saßen. Es gehört auch nicht viel dazu, sich auszurechnen, welche politischen Vorteile sich die Urheber des Attentates von einer Beseitigung des Papstes erhofften. Der Heilige Stuhl und auch der Papst persönlich verzichteten demonstrativ darauf, der Urheberschaft für diesen Terrorakt nachzugehen. Der Papst besuchte den Attentäter im Gefängnis und vergab ihm. Ganz offensichtlich wollte er eine Zuspitzung der Lage in Polen vermeiden. Das Attentat war ja auch eine Provokation, die auf eine Verschärfung der Konfrontation zwischen den kommunistischen Regimen und der Kirche abzielte. Genau das war es aber, was sowohl die Kirche in Polen als auch der Papst unter allen Umständen vermeiden wollten. Als der Papst Bulgarien 21 Jahre später im Mai 2002 besuchte, erklärte er, daß seiner Überzeugung nach Bulgarien nicht hinter dem Attentat von 1981 gestanden hatte. Eine richtige Feststellung, war doch der sowjetische Geheimdienst dessen eigentlicher Urheber gewesen. Einen sicheren Hinweis darauf ergab sich auch aus Akten der Stasi der DDR, die nach der Wende des Jahres 1990 der Öffentlichkeit zugänglich gemacht wurden. Danach hatte die DDR das nach dem Attentat in der Presse kursierende Gerücht ausgestreut, der Täter entstamme rechtsextremistischen türkischen Kreisen. Die Stasi, die 1981 noch an der Leine des KGB geführt wurde, hätte dazu keinen Anlaß gehabt, wenn es nicht ihre Absicht gewesen wäre, die Wahrheit zu verbergen.

Auch der Gedanke, durch eine militärische Intervention von außen dem polnischen Abenteuer ein Ende zu machen, hing schwül in der Luft – so wie gehabt: 1953 in der DDR, 1956 in Ungarn, 1968 in der CSSR. Es kamen zwischen 1980 und 1981 jene Wochen und

Monate der Unsicherheit, die wir in der Rückschau als die kritischsten vor der Wende des Jahres 1989 bezeichnen müssen. Die Verbände des Warschauer Paktes standen zum Einmarsch rings um Polen bereit. Im März 1981 gab es Paktmanöver auf polnischem Boden. Dies wurde allgemein als eine Drohkulisse empfunden. Denn die zu Manöverzwecken in Polen eingerückten nichtpolnischen Verbände hätten jederzeit zu einer Intervention in die innerpolnischen Verhältnisse umdirigiert werden können. Breschnew erklärte zwar nach einem Treffen der Spitzen des Warschauer Paktes in Prag im April 1981 seine Zuversicht, daß Polen seine Probleme selbst werde lösen können. Doch was waren solche Erklärungen wert? Vor dem Einmarsch der Sowjettruppen in die CSSR im Jahre 1968 hatte Breschnew ähnliches gesagt. Während mehrerer Geheimtreffen des Warschauer Paktes gab es Diskussionen über eine Militärintervention in Polen. Honecker hatte keine Skrupel, Breschnew dahin zu drängen, nach dem Hitler-Stalin-Vorbild von 1939 sowjetische und deutsche Truppen in Polen einrücken zu lassen. Die Meinungen gingen hin und her. Hardliner wie der Rumäne Nicolae Ceausescu sprachen für den Einmarsch; dagegen sprachen Gustav Husak für die CSSR und Janos Kadar für Ungarn, deren Länder schon Opfer sowjetischer Militärinterventionen gewesen waren. Schwer wog, daß die Sowjetarmee, nachdem sie im Dezember 1979 in Afghanistan einmarschiert war, dort in einen verlustreichen Guerrillakrieg verwickelt war, dessen sie nicht Herr werden konnte. Die Verluste der Sowjetarmee in Afghanistan stiegen von Woche zu Woche. Die Sowjetunion mußte fürchten, sich durch eine Intervention in Polen einem Zweifrontenkrieg auszusetzen. US-Präsident Jimmy Carter hatte nach deren Einmarsch in Afghanistan bereits Wirtschaftssanktionen verhängt. Seit dem 20. Januar 1981 regierte in Washington aber Präsident Ronald Reagan, der in seinem Wahlprogramm eine „Politik der Stärke" in den Beziehungen zur Sowjetunion angekündigt hatte und von dem die Sowjetführer keine Entspannung erwarten konnten. Die weltpolitischen Kosten einer Intervention in Polen wären also ungleich höher gewesen als nach den früheren militärischen Eingriffen in anderen Staaten des Warschauer Paktes. Was aus diesen vielfältigen

Gründen sich in der Meinungsbildung im Warschauer Pakt durchsetzte, war nicht die Intervention der Streitkräfte der „Bruderstaaten“, sondern, wie bereits geschildert, die Verhängung des Kriegsrechtes am 13. Dezember 1981 durch den inzwischen an die Spitze der polnischen Regierung gerückten Verteidigungsminister Jaruzelski.

Die Entscheidung, in Polen nicht einzumarschieren und es der kommunistischen Regierung Polens zu überlassen, mit der Situation fertig zu werden, war – so muß rückschauend gesagt werden – die bedeutungsträchtigste Wendemarke auf dem Weg zum Zerfall des Sowjetimperiums. Es war die „Vorwende“. Die Breschnew-Doktrin wurde nicht mehr konsequent angewandt. In den Augen von Gralshütern des Marxismus-Leninismus war der Übergang der Macht in Polen an die Armee zudem ideologisch anrüchig. Denn es war nicht die Partei gewesen, die das Heft wieder ganz in die Hand genommen hatte. Sie mußte hinter der Armee in das zweite Glied rücken. War so Jaruzelski nicht eine Art Generalsdiktator wie etwa Pinochet in Chile? Wurde dadurch in den Militärs der anderen sozialistischen Staaten nicht die Lust geweckt, dem polnischen Vorbild nachzueifern? Die Kremlführer ließen der Entwicklung nicht deswegen ihren Lauf, weil sie sich von Friedenskämpfern in Friedenstauben verwandelt gehabt hätten. Angesichts der schwierigen innen- und außenpolitischen Lage, in der sich das Sowjetimperium in jener Zeit befand, brachten sie nicht mehr die Kraft auf, der Entwicklung in Polen von außen mit Gewalt entgegenzutreten. Ob sie sich der Folgen ihrer Haltung damals bewußt waren, muß allerdings bezweifelt werden.

Durch die Verhängung des Kriegsrechtes wurde gegen die Volksbewegung Solidarnosc ein Wall errichtet. Die Wellen des Unmutes, des Willens zur Erneuerung und Veränderung verliefen sich aber nicht. Sie wurden nur angestaut. Die Kirche, die zwar von ihren Prinzipien her auf der Seite des Volkes stand, vermied gleichwohl alles, das zu einer Verschärfung der Konflikte hätte führen können. Nicht sie hatte die Gewerkschaft Solidarnosc gegründet; es war vielmehr diese, die sich auf Grundsätze des Glaubens, der katholischen Soziallehre berief. Die polnische Kirche unter Kardinalprimas Glemp wuchs in jenen Jahren in eine Vermittlerstellung hinein, die sie, wie Jaruzelski in seinen Memoiren schreibt, praktisch zur ersten Macht im Staate werden ließ. Es folgte eine Zeit des Abwartens, der Entspannung mit leisen Tönen, die von dem Willen aller Beteiligten gekennzeichnet war, den Konflikt nicht weiter auf die Spitze zu treiben. Bald nach dem zweiten Besuch des Papstes in Polen, am 21. Juli 1983, suspendiert das polnische Parlament das Kriegsrecht. Am 6. Oktober 1983 verleiht das norwegische Nobelkomitee Walesa seinen Friedenspreis und zeichnet damit dessen Linie des Dialogs und der Gewaltlosigkeit aus. Am 19. Oktober 1984 ermorden Angehörige des polnischen Sicherheitsdienstes den Priester Jerzy Popieluszko, einen rührigen und den Sicherheitsdiensten unangenehm gewordenen Vertreter der Gewerkschaft Solidarität. Ein schwerer psychologischer Rückschlag für den Prozeß der Normalisierung. Jaruzelski verneint jede Mitwisserschaft der Regierung und deren Mitbeteiligung an der Tat. Es hatte sich wohl um einen Versuch kommunistischer Hardliner im Sicherheitsdienst gehandelt, die den Normalisierungsprozeß stören wollten. Der Mord wühlt ganz Polen auf und erregt auch weltweites Aufsehen. Die Beisetzung des Ermordeten wird zu einer politischen Demonstration. An die Hunderttausend kommen dazu zusammen. Bundesminister Genscher legt bei seinem nächsten Besuch in Polen am Grab des Ermordeten einen Kranz nieder und markiert damit deutlich, wie die Bundesregierung den Vorgang bewertet. Nachdem Jaruzelski am 6. November 1985 vom Parlament zum Staatsoberhaupt gewählt wurde, folgte schon am 18. November 1985 eine Teilamnestie für immer noch inhaftierte Mitglieder der Solidarnosc. Das Kriegsrecht wurde nach und nach obsolet.

Niemand wird jemals die in Polen wieder und wieder diskutierte Frage sicher beantworten können, ob es die Einführung des Kriegsrechtes war, die die Intervention der Warschauer-Pakt-Streitkräfte damals verhinderte. Kein noch so gründliches Studium von

Regierungsakten gleich welchen Landes wird darüber endgültige Auskunft geben können. Alles stand für die Intervention bereit. Ein Zornausbruch, ein Stimmungsumschwung, vielleicht einige Gläser Wodka zu viel im Kreml hätten Breschnew nach einer Diskussion mit der Führungselite der UdSSR zum Telefonhörer greifen und dem Oberkommandierenden der Paktstaaten den Befehl zum Einmarsch geben lassen können. Jeder, der einmal mit Regierungsakten umgegangen ist, weiß, wie wenig aus diesen verläßliche Rückschlüsse darauf gezogen werden können, was in kritischen Situationen wirklich in den Köpfen der Verantwortlichen vorging. Zu oft hat doch schon die „Irratio" in den Geschicken von Völkern die Oberhand gewonnen und diese ins Unglück geführt. Heute können wir nur sagen: Hat die Einführung des Kriegsrechtes die Intervention verhindert, so war Jaruzelski trotz der Opfer (auch Blutopfer), die das Kriegsrecht forderte, der Retter seines Landes, der auch die weltpolitische Entwicklung in Richtung eines friedlichen Abtretens der kommunistischen Regime offenhielt. Vieles spricht dafür, daß dies so war. War dies aber nicht so, so war er der Handlanger der kommunistischen Führungseliten in den Paktstaaten, die um den Zusammenbruch ihrer Herrschaft fürchteten. Das Urteil hängt auch von dem Zeitpunkt ab, aus dessen Blickwinkel es gefällt wird. Im Dezember 1981 sah die Welt anders aus als heute. Es ist leicht, heute, nachdem alles gut abgelaufen ist, über das Verhalten von Jaruzelski zu urteilen. „Wer vom Rathaus kommt, ist klüger." Talleyrand erwiderte Zar Alexander VI. 1815 während des Wiener Kongresses, als sich dieser über den Wankelmut des sächsischen Königs hinsichtlich der antinapoleonischen Koalition beklagte und von den Verrätern an Europa sprach: „Der Verrat, Sire, ist auch eine Frage des Datums."

Johannes Paul II. hatte bereits seit Beginn des Aufbegehrens von Solidarnosc eine lebhafte diplomatische Aktivität entfaltet, um das Schlimmste zu verhüten. Wenn einmal die Archive des Vatikans für jene Zeit der wissenschaftlichen Forschung geöffnet sind, wird noch manches Dokument ans Licht kommen, aus dem sich ergibt, mit welchem Nachdruck Johannes Paul II. sich damals für einen friedlichen Wandel einsetzte. Für ihn persönlich gab es noch ein zusätzliches Motiv, dafür unermüdlich zu werben. Wußte er doch nur zu genau, daß sein Eintritt in das Weltgeschehen der großen Bewegung gegen die kommunistische Vorherrschaft nicht nur in seinem Heimatland Polen Auftrieb gegeben hatte. Auf ihm persönlich lastete also ein gut Teil der Verantwortung dafür, was aus dieser Gegenbewegung wurde. Er bremste den Eifer von Walesa und von Hitzköpfen aus dessen Umgebung. Nachdrücklich warnte er bereits 1980 Breschnew brieflich vor einem Einmarsch in Polen, den er offen mit dem Einmarsch der deutschen Wehrmacht von 1939 verglich. Wenige Tage nach Verhängung des Kriegsrechtes wandte er sich wiederum brieflich in einem dringenden Appell an Jaruzelski, dessen Tenor weniger eine Verurteilung des Kriegsrechtes als die Beschwörung war, dem so leidgeprüften polnischen Volk erneutes Blutvergießen zu ersparen.

Eine „Heilige Allianz"?

Am 7. Juni 1982 gab es im Vatikan ein Vieraugentreffen, das im Kreml alle Warnlampen aufleuchten lassen mußte. Im Vatikan saßen Papst Johannes Paul II. und Ronald Reagan, der Präsident der westlichen Führungsmacht, in vertrautem Gespräch zusammen.

51 Prozent der amerikanischen Wählerschaft hatten Reagan am 4. November 1980 in einer Reaktion auf die als zu schwächlich empfundene Politik seines Vorgängers Carter zu ihrem Präsidenten gemacht. Die USA hatten ihr militärisches Engagement in Vietnam schon vor Carters Zeiten während der Präsidentschaft von Richard Nixon als Irrtum erkennen und im April 1975 unter Präsident Gerald Ford beenden müssen. Wunden hatte dies in der amerikanischen Seele zurückgelassen. Eine Demütigung nach der anderen – so sah es die amerikanische Öffentlichkeit – hatten die USA danach hinnehmen müssen: 444 Tage erniedrigende Geiselhaft amerikanischer Diplomaten in deren Botschaft in Teheran seit dem 4. November 1979 durch fanatisierte Anhänger des Regimes von Ajatol-

lah Khomeini; den Einmarsch der Sowjetunion in Afghanistan im Dezember 1979; terroristische Bedrohungen durch islamische Extremisten, durch Oberst Muammar al-Gaddhafi in Libyen; die von Moskau aus dirigierte Wühlarbeit gegen die USA rings um den Erdball. Reagan hatte es als Wählerauftrag empfunden, dem ein Ende zu machen.

Während an diesem 7. Juni 1982 im Vorraum des Papstbüros die Begleiter der beiden eine „tour d'horizon" quer durch die Probleme der Weltpolitik machten, hatten Papst und Präsident nur ein Hauptthema: die Lage in Polen. Da gab es in der Tat allerhand zu besprechen. Seit Dezember 1981 herrschte dort das Kriegsrecht. Tausende der Anhänger der freien Gewerkschaft waren inhaftiert; auch Walesa war verhaftet und von allen Verbindungen zu seinen Mitstreitern abgeschnitten. Dennoch hatte Solidarnosc im Untergrund überlebt. Johannes Paul II. und Reagan wußten zwar nicht, was die Zukunft bringen würde. Doch glaubten sie, zwei Ziele anstreben zu sollen: verhindern, daß die Lage in Polen außer Kontrolle geriet und sich zu einem die Grenzen Polens überschreitenden Konflikt ausweitete – zugleich aber die Kosten für die Unterdrückung von Solidarnosc sowohl für den Kreml als auch für die polnische Regierung so hochschrauben, daß diese ihn nicht mehr zu zahlen bereit waren. Was die Kirche im Inneren Polens mit der moralischen Unterstützung des Papstes erstrebte, stellte Reagan diesem in Aussicht, durch eine entschlossene Politik der USA im Wege eines Drucks von außen zu fördern.

Hinzu kam eine persönliche Affinität zwischen Johannes Paul II. und Reagan. Beide gelangten zu einer Zeit in die Verantwortung, als die sowjetische Macht in Afghanistan ihren letzten expansionistischen Stoß verübte, zugleich aber wegen der nach der Papstwahl in Polen geweckten Unrast das Sowjetimperium zu wanken begann. Sie verband die Überzeugung, daß die Europa seit dem Ende des Zweiten Weltkrieges in Jalta auferlegte Spaltung das Grundübel sei und deswegen überwunden werden müsse. Im

KSZE-Prozeß brachte dies die Reagan-Administration während der Amtszeit ihres Präsidenten immer offener zum Ausdruck. So ließ Reagan seinen Außenminister George Shultz am 18. Januar 1985 vor dem KSZE-Forum sagen: „Die Vereinigten Staaten erkennen die Rechtmäßigkeit dieser künstlich auferlegten Teilung Europas nicht an. Diese Teilung ist der Kern des Sicherheitsproblems und der Menschenrechtsprobleme, und wir alle wissen das."

Beide glaubten, einem missionarischen Ruf folgen zu sollen. Bestärkt hatte sie darin die Überzeugung, durch göttliche Fügung Mordanschlägen durch Pistolenattentate entronnen zu sein: Reagan am 30. März 1981, der Papst nur sechs Wochen später am 13. Mai 1981. Beide standen in einer Fundamentalopposition zu der marxistisch-leninistischen Doktrin, was Reagan das Sowjetimperium schon einmal „das Reich des Bösen" nennen ließ – eine Generalverdammung des Sowjetsystems, die ihm nicht nur im westlichen Lager Kritik einbrachte, sondern auch Gorbatschow noch Jahre später zu einer harschen Zurückweisung veranlaßte. Beide glaubten nicht an einen „Wandel durch Annäherung" der beiden Systemblöcke. Sie setzten vielmehr auf einen grundsätzlichen Wandel in den ideologischen Grundlagen des sowjetischen Systems und auf eine dadurch möglich werdende Überwindung der Rivalität der beiden Blöcke.

Der US-Präsident entfaltete dazu die ganze Macht der USA. Seine Administration entwickelte ein breit gefächertes Programm, dessen letztes Ziel es war, die Sowjetunion in der weltpolitischen Rivalität zu einem friedlichen Einlenken zu bewegen. Überragende Bedeutung hatten die in Washington laut angekündigten Pläne der Schaffung eines Raketenabwehrsystems für das Territorium der USA (SDI – „Krieg der Sterne" genannt). Im westlichen Lager gab es die Kritik, daß dadurch das nukleare, den Frieden sichernde Gleichgewicht gestört werde. Es blieb zwar immer unsicher, ob der von den USA geplante Nuklearschirm technisch je machbar sein werde. Dessen konnte auch Reagan selbst sich nicht sicher sein. Die Sowjetunion mußte aber die Machbarkeit in Rechnung stellen und sich dergestalt auf eine neue, für sie mit nicht mehr tragbaren Kosten verbundene Drehung der Rüstungsspirale einlassen.

Die USA zogen die Zügel in den bereits bestehenden handelspolitischen Vorschriften an, durch die dem östlichen Block der Zugang zu strategisch wichtigen Gütern und technologischen Erkenntnissen versperrt bleiben sollte. Die Mittel zur Unterstützung von Untergrundbewegungen im Sowjetimperium wurden aufgestockt. Die CIA gab Solidarnosc wirksame logistische Hilfe. Das Sowjetimperium ist zwar nicht an dem von der CIA nach Polen eingeschmuggelten Geld, den Faxgeräten, Kopiermaschinen und Geheimsendern zugrunde gegangen. Gleichwohl waren diese eine willkommene praktische Unterstützung und psychologische Ermunterung.

Der Vatikan gab dieser Politik der USA indirekte Unterstützung. Er dämpfte Bestrebungen in der amerikanischen katholischen Bischofskonferenz, die auf eine Kritik an der Nuklearpolitik ihres Präsidenten abzielten. Eine Hilfe für die US-Politik war auch die Haltung des Vatikans in Lateinamerika, wo dieser sich verstärkt gegen Tendenzen von Priestern und Laien in der sogenannten „Theologie der Befreiung" wandte, gemeinsam mit kommunistischen revolutionären Bewegungen die bestehenden gesellschaftlichen Verhältnisse gewaltsam zu verändern. Johannes Paul II. hat bei seinen Reisen nach Lateinamerika zwar immer deutlich gemacht, daß die Kirche dort auf seiten der Armen steht. Er hat sich aber ebenso gegen die Auffassung gewandt, daß eine Verschwisterung von kommunistischem Klassenkampf mit christlichem Glauben der Weg sei, um das Los der Armen dort zu lindern.

Die Besonderheit der Beziehungen zwischen dem Vatikan und den USA kam auch in der Art und Weise zum Ausdruck, wie diese praktiziert wurden. Reagan und sein Außenminister Alexander Haig stützten sich nur wenig auf die offiziellen Kanäle des Außenministeriums. Es gab ein Hin und Her zwischen Rom und Washington von geheimen Emissären, die steten Zugang zum Papst und seinen engsten Mitarbeitern hatten. Reagan beauftragte einen Sonderbotschafter: Vernon Walters, einen ehemaligen hohen CIA-Beamten. Der Papst versetzte einen seiner Spitzendiplomaten, Nuntius Pio Laghi, von Buenos Aires nach Washington. Ich selbst hatte Laghi, als ich im November 1980 meinen Posten als Botschafter in Buenos Aires angetreten hatte, noch kennenlernen und mich von seinem so erfolgreichen Mitwirken bei der päpstlichen Vermittlung zur Beilegung des argentinisch-chilenischen Grenzstreites am Beaglekanal bei Cap Horn überzeugen lassen können. Laghi fand in Washington, wie er mir später in Rom lächelnd einmal erzählte, den leichtesten Zugang zum Präsidenten und dessen Mitarbeiterstab im Weißen Haus. Kein Botschafter aus den Hundertschaften von Diplomaten, die Washington bevölkerten, konnte sich eines solch unkomplizierten Zugangs zu der amerikanischen Machtzentrale erfreuen. Glänzend funktionierte so auch der Informationsaustausch zwischen den USA und dem Vatikan. Im Westen herrschte damals noch die Auffassung vor, daß die monolithischen Strukturen des Ostblocks ungebrochen seien. Die besseren Einsichten, die der Vatikan über die Entwicklungen in Polen und die wahren Verhältnisse im Ostblock mittels seiner Kontakte zu den dortigen Ortskirchen gewann, gelangten rasch und unkompliziert zur Kenntnis der USA.

War es eine neue, moderne „Heilige Allianz" also, die der Papst und der amerikanische Präsident am 7. Juni 1982 im Vatikan schlossen? Nun, es wurde kein Vertrag unterzeichnet, mit Brief, Siegel und Unterschrift bekräftigt. Eine Allianz also wie unter Mächten der säkularen Welt war es nicht. Was sie verband, waren gemeinsame Überzeugungen, die ihr Handeln in den ihnen vorgegebenen, ganz verschiedenen Verantwortungsbereichen prägten. Sie erstrebten einen Gesinnungswandel in der Führungselite des östlichen Machtblocks, das Heranreifen der Überzeugung, daß die Überwindung der materiellen und ideellen Spaltung den Hoffnungen und den Interessen der Völker dieses Machtblocks entspreche.

Venimus, vidimus, Deus vincit

Bis zu den Wendejahren 1989/90 kam Johannes Paul II. noch zweimal zu einem Pastoralbesuch in sein Heimatland: 1983 und 1987. Jeder dieser Besuche hatte eine aufwühlende Wirkung in Polen und trug in dem Programm sowie der Art und Weise des Auftretens des Papstes der Entwicklung Rechnung, die sich in Polen vollzogen hatte. Im Juni 1983 waren dies die Folgen des im Dezember 1981 verhängten und dann nach langen Traktationen zwischen dem Vatikan und der Warschauer Regierung Ende 1982 suspendierten Kriegsrechtes. Johannes Paul II. war ersichtlich darum bemüht, die innenpolitischen Wogen zu glätten und selbst nicht zu einem Anlaß für ein neuerliches Aufflammen der Unruhen zu werden. „Ich bin der Meinung, daß ich in diesem erhabenen und zugleich schwierigen Augenblick der Geschichte des Vaterlandes bei meinen Landsleuten sein muß ... Polen ist eine besondere Mutter... Sie ist eine Mutter, die viel durchlitten hat und immerzu aufs neue leidet" – sagte er in seiner Ansprache bei seiner Ankunft auf dem Flughafen in Warschau am 16. Juni 1983. Und weiter: „Ich selber kann nicht alle Kranken, Gefangenen und Leidenden besuchen – aber ich bitte sie, mir im Geiste nahe zu sein."

In einem Gesichtspunkt blieb er sich aber treu: Er pries die Geschichte des polnischen katholischen Christentums als Dienst an der Nation. In jeder seiner Predigten und Ansprachen klang dies an, ob er von dem Wirken von Heiligen, Fürsten und Königen oder von der Kirche sprach. Geradezu militant knüpfte er an polnische nationale Erinnerungen an, als er am 17. Juni 1983 während einer Messe im Warschauer Stadion Dziesleciolecia den Sieg, den der polnische König Jan II. Sobieski 1683 über die türkische Armee, die Wien belagert hatte, in Erinnerung rief – den Sieg, der damals Wien rettete und als Rettung Europas vor der Türkengefahr gefeiert wurde. „Venimus, vidimus, Deus vincit", habe der König nach der Schlacht dem Papst gemeldet („Wir kamen, wir sahen, Gott siegte", ein Ausspruch, der an die Meldung erinnerte, die Cäsar 47 v. Chr. an den römischen Senat richtete, nachdem er in

Kleinasien mit der Schlacht bei Zela den Restbeständen hellenistischer Herrschaften in kürzester Frist ein Ende bereitet hatte: „Veni, vidi, vici" – Ich kam, sah und siegte). Stolz hörten die Hunderttausenden, die der Messe beiwohnten, die Millionen Polen, die am Bildschirm zuschauten, den Papst diesen polnischen König, einen ihrer Nationalhelden, zitieren. Die Partei- und Staatsfunktionäre, die zuhörten, beschlichen aber wohl andere Gefühle. War damit nicht vielleicht die Vorhersage des Sieges über den Kommunismus gemeint, die Befreiung von der sowjetischen Bevormundung, die die polnische Nation einmal dem Papst melden werde?

1987 kam der Papst wieder. Man muß lange, lange in die Geschichte zurückschauen, um noch einmal einen Moment festhalten zu können, in welchem eine mit den unbegrenzt erscheinenden Möglichkeiten der säkularen Welt ausgestattete Staatsmacht sich vor einem Sturmwehen des Geistes so beugte – wie an jenem Tag im Juni 1987, als der kommunistische Militärdiktator Jaruzelski mit dem Papst aus dem Präsidentenpalast vor die dort wartende Menge trat. Mein französische Kollege in Rom Jean Bernard Raimond (dem ich seit Jahrzehnten freundschaftlich verbunden war; Ostexperte, Botschafter in Warschau und Moskau, danach Außenminister), 1987 Botschafter seines Landes in Polen, hat mir später diesen Augenblick geschildert, den er aus nächster Nähe miterlebte: Der General, in der Autorität seiner Uniform steckend, blaß, zitternd, kaum noch Herr seiner Hände, die er hierhin und dorthin ausstreckte – Johannes Paul II. dagegen in seiner weißen Soutane, ein Bote aus einer anderen Welt, ruhig, segnend, ein unerschütterter Zeuge seiner Glaubensbotschaft, zugleich aber Sachwalter der Gefühle und tausendfältigen Hoffnungen der Menschen in der vor den beiden harrenden Menge, die sich nur an ihn richteten und nicht an die vor ihm versinkende Generalsgestalt.

Bei dem Besuch des Papstes in Polen im Sommer 1987 sah die Welt noch einmal anders aus. Kurz nach seinem vorangegangenen Besuch, am 22. Juli 1983, war das Kriegsrecht aufgehoben worden; nur einige, die Polizeigewalt des Staates stärkende Gesetzesteile davon waren in das allgemeine Recht überführt worden. In der Sowjetunion war die Ära der greisen alten Garde der KPdSU zu Ende gegangen. Leonid Breschnew starb am 10. November 1982, am 9. Februar 1984 sein Nachfolger Juri Andropow; dessen Nachfolger Konstantin Tschernenko war schon bei seinem Amtsantritt ein schwerkranker Mann. Nach dessen Tod war Michail Gorbatschow im März 1985 zum Generalsekretär der KPdSU, an die Spitze also der Machtpyramide des Sowjetimperiums, gewählt worden. Die Ära von Perestoika und Glasnost hatte begonnen. Das Wort „Freiheit" unterlag im Sowjetimperium nicht mehr dem Verbot der Doktrin. Der Papst konnte also einige Rücksichten fallen lassen, vor allem in das Programm einen Besuch in Danzig aufnehmen, dem Ort also, von dem der polnische Volksaufstand und die Gründung von Solidarnosc ihren Ausgang genommen hatten. Jetzt konnte der Papst auch die Ideenidentität deutlicher machen, die zwischen der katholischen Soziallehre und dem Programm von Solidarnosc bestand. Überdeutlich wurde dies bei der Predigt des Papstes vor den Danziger Werftarbeitern, die er ganz der Erläuterung der katholischen Soziallehre widmete. Silvestrini, damals noch Leiter des Außenamtes des Heiligen Stuhls, wies mich nach der Rückkehr des Papstes nach Rom ausdrücklich auf diese Predigt hin und bezeichnete sie als eine Schlüsselaussage dazu, was die Kirche der kommunistischen Ideologie entgegensetze. Colasuonno, damals der Ostbeauftragte im Außenamt des Staatssekretariates, der den Papst ebenfalls auf dieser Reise begleitet hatte, schilderte mir, daß keine andere Predigt des Papstes eine derart elektrisierende Wirkung gehabt habe wie dieses Auftreten vor den Werktätigen in Danzig. Vor allem die Gleichheit des Schlüsselbegriffs der katholischen Soziallehre „Solidarität" mit dem Namen der in Danzig gegründeten Gewerkschaft hätte diese Wirkung ausgelöst. Jedesmal wenn der Papst in Erläuterung der Soziallehre von Solidarität gesprochen habe, sei ein donnernder Beifall aufgebrandet. Arbeit könne nie – so sagte der Papst – als Ware behandelt werden, denn Menschen könnten nie Ware für Menschen sein, sondern nur Subjekte. „Für die menschliche Arbeit muß man zahlen; gleichzeitig darf man auf die Arbeit aber nicht nur mit Lohn antworten. Schließlich ist er... auch Mitschöpfer eines Werks, das an der Arbeitsstätte entsteht. Er hat also ein Recht, auch über die Arbeitsstätte zu entscheiden. Er hat das Recht auf Arbeiterselbstverwaltung, dessen Ausdruck unter anderem die Gewerkschaften sind: unabhängige und selbstverwaltende Gewerkschaften ... Einer trage des anderen Last – dieser Satz des Apostels ist eine Inspiration für die zwischenmenschliche und gesellschaftliche Solidarität. Solidarität, das bedeutet: ... nie einer gegen den anderen; nie eine Last, die vom Menschen einsam zu tragen ist. Kein Kampf kann stärker sein als die Solidarität." – Der der katholischen Soziallehre entnommene Begriff „Solidarität" wurde über die Botschaft des Papstes an die Danziger Werftarbeiter zu deren Losung, mit welcher sie die Perversion umzustürzen trachteten, die der Marxismus-Leninismus aus den humanistischen Zielen der Arbeiterbewegung des 19. Jahrhunderts gemacht hatte. Und daß dies Wirklichkeit wurde, sollte nicht lange auf sich warten lassen.

Kapitel IV.

Gorbatschow – der die Revolution geschehen ließ

Bei allem, was in Polen geschah, richtete die polnische Politik ihren Blick immer weniger auf das Innere. Mehr und mehr war alles begleitet von Seitenblicken auf die Veränderungen in dem großen Bruder, der Sowjetunion. Denn jedermann in Polen wußte, daß im gesamten Bereich des Ostblocks keine Weiche auf dem Weg der Erneuerung gestellt werden konnte, ohne daß dies mit Billigung oder wenigstens Duldung der Kremlführung geschah. Nachdem seit dem 11. März 1985 dort Michael Gorbatschow herrschte, war der Weg, der auch Polen zur Demokratie und Walesa als Nachfolger von Jaruzelski an die Spitze des Staates führen sollte, in seinen Etappen auf das abgestimmt, das zeitgleich in der Sowjetunion geschah. Die Entwicklung in Polen hatte innerhalb der Staaten des Warschauer Paktes eine vorauseilende Wirkung. So war diese auch einer der Faktoren, welche auf die Ereignisse in der Sowjetunion Druck ausübten. Dennoch lag das Epizentrum des revolutionären Erdbebens, das 1989/90 das politische Antlitz der Erde veränderte, nicht in Warschau, sondern in Moskau.

Als die Sowjetnomenklatura Gorbatschow auf den Stuhl des Generalsekretärs der KPDSU hob, wollte sie der Stagnation und Apathie, in die das Sowjetimperium seit der späten Breschnew-Zeit verfallen war, eine neue Periode der Hoffnung und Dynamik folgen lassen. Daß damit eine abschüssige Bahn betreten wurde, an deren Ende der Zerfall des Sowjetimperiums stand – daran dachte sicher niemand. Denn so schlecht war es um dieses damals nicht bestellt. Es warf seine Schatten noch über alle Kontinente. In allen Krisenherden der Welt war die Sowjetunion präsent und bestritt die Dominanz des Westens und dessen Führungsmacht, der USA: in Nicaragua, Kuba, Angola, Moçambique, Äthiopien, Vietnam, Nordkorea, im Nahen Osten im Streit um die Existenz von Israel, und wo nicht sonst noch. Überall in diesen Krisenherden hatte die Sowjetunion willige Stellvertreter gefunden, die ihr die schwierigsten Bürden abnahmen. Durch Fidel Castro und dessen Regime in Kuba war sie bis in die Vorhöfe der amerikanischen Macht eingedrungen.

Daß die sowjetische Wirtschaft sich in erbarmungswürdigen Zuständen befand, hatten zwar schon Chruschtschow und Breschnew gewußt. Jeder hatte auf seine Weise versucht, Abhilfe zu schaffen. Die Masse der Bevölkerung hatte sich in dem System eingerichtet – mehr schlecht als recht, für manche aber auch bequem: mit einem sicheren Arbeitsplatz, billigen Wohnungen, Gesundheitsfürsorge, niedrigen Lebensmittelpreisen, einem jedermann offenen Bildungssystem. Prinzipieller Widerstand regte sich nur in Minderheiten, bei Intellektuellen, Schriftstellern. Die Werke von Boris Pasternak „Doktor Schiwago“, von Alexander Solschenizyn „Ein Tag im Leben des Iwan Denissowitsch“, die Aufrufe von Sacharow, des Erfinders der sowjetischen Wasserstoffbombe, warfen Schlaglichter, stellten das herrschende System in Frage, waren aber angesichts der Macht von Partei und Geheimpolizei doch nur Nadelstiche, von denen niemand annahm, daß die Sowjetmacht daran zugrunde gehen könne. Auch fehlte es der Sowjetmacht nicht an Selbstbewußtsein. Wenige Tage vor der Wahl Gorbatschows weilte das Politbüromitglied Wladimir Schtscherbitzkij in Washington, um dem US-Präsidenten Ronald Reagan den Willen der Sowjetführung zu signalisieren, mit den USA von gleich zu gleich zu Verständigungen zu kommen, vor allem im Bereich der Rüstungskontrolle. Öffentlich verwies er stolz auf die Leistungen des Sowjetsystems: keine Arbeitslosen, keine Obdachlosen, flächendeckende Gesundheitsfürsorge, auch in entlegenen Gebieten mehr Studenten, Techniker, Ärzte und Wissenschaftler als in manchen der entwickelten kapitalistischen Staaten. Am Tage der Wahl Gorbatschows mag es im Sowjetsystem Gefühle des Unbehagens gegeben haben, dunkle Ahnungen, daß es nicht ewig so weitergehen könne. Eine revolutionäre Situation, die ein sofortiges Handeln, ein Herumwerfen des Steuers geboten hätte, gab es nicht.

Gorbatschow hatte die Wirtschaftsprobleme seines Landes schon vor seiner Wahl zum Generalsekretär von Grund auf studieren können; war er doch im Politbüro für Landwirtschaftsfragen zuständig gewesen. Mein kanadischer Kollege in Rom, E. P. Black, erzählte mir schon 1987 von einem aufschlußreichen Erlebnis, das er mit Gorbatschow gehabt hatte. Black war Botschafter in Moskau, dann stellvertretender kanadischer Außenminister gewesen, kannte also die sowjetischen Probleme aus nächster Anschauung. Er hatte Gorbatschow während einer Informationsreise durch Kanada im Mai 1983 begleitet. Diese Reise war eine der ersten Gorbatschows in die Welt außerhalb des Sowjetimperiums gewesen. Er hatte sich an Ort und Stelle über die Geheimnisse der Produktionserfolge der kanadischen Bauern unterrichten wollen. Schon damals hatte er begonnen, die marode sowjetische Landwirtschaft zu reformieren, die sich trotz reicher Böden als unfähig erwiesen hatte, auch nur den Grundbedarf der sowjetischen Bevölkerung an Lebensmitteln zu befriedigen. Die Sowjetunion war bekanntlich Jahr für Jahr gezwungen gewesen, Weizen und Fleisch aus den USA, Kanada, Argentinien und anderen Ländern einzuführen.

Um das Besuchsprogramm anziehend zu machen, erzählte Black, sei neben den offiziellen Gesprächen in der Hauptstadt auch der Besuch einer Farm in der Provinz Winnipeg vorgesehen gewesen. Sogleich nach der Ankunft der sowjetischen Delegation in Kanada habe sich herausgestellt, daß Gorbatschow den Besuch auf der Farm, der von der kanadischen Regierung als Beiwerk des Programms verstanden worden war, als die wichtigste Station seiner Reise bewertete. Die Gespräche mit der Regierung versuchte er rasch mit der linken Hand hinter sich zu bringen. Diskussionspunkte allgemeinen politischen Inhaltes, wie den Krieg in Afghanistan, den Nato-Doppelbeschluß, den Fortgang der KSZE, wischte er beiseite. Er hatte nur ein Interesse: die kanadischen landwirtschaftlichen Produktionsmethoden.

So erwies sich der Besuch auf der Farm auch als Höhepunkt der Reise. Er begann mit einer Fahrt im Jeep über das mehrere tausend

Hektar große Areal. Gorbatschow stellte sachkundige Fragen zum Saatgut, den klimatischen Bedingungen, zu Wasserhaushalt und Bodenqualität. Dann besichtigte er die riesigen Getreidesilos und die Maschinenhalle, die das Ausmaß eines Flugzeughangars hatte. Den Abschluß des Besuches bildete ein Mittagessen, zu dem das Farmerehepaar in das neben den großen Hallen eher bescheiden wirkende, sympathische kleine Farmhaus geladen hatte. Der kanadische Botschafter sagte mir, er habe die Unterhaltung, die sich während dieses Mittagessens entwickelte, Satz für Satz in der Erinnerung behalten und als den politischen Höhepunkt der Reise bewertet:

Gorbatschow, der offenbar begierig auf die Diskussion gewartet hatte: „Dieser Besuch war für mich hocheindrucksvoll. Doch möchte ich noch die Arbeiterwohnungen besichtigen. Wo sind sie?"

Der Farmer: „Welche Arbeiterwohnungen?" Und am Tisch auf einen Sohn, eine Tochter und einen Schwiegersohn zeigend, fügte er hinzu: „Alle Arbeitskräfte meiner Farm sitzen hier am Tisch."

Gorbatschow, ungläubig auffahrend: „Das ist doch völlig unmöglich. Sie können diese große Farm doch nicht wie einen Familienbetrieb bewirtschaften."

Antwort des Farmers: „Doch! Bei der Aussaat und während der Ernte verpflichten wir, soweit dies nötig ist, Saisonarbeiter oder übertragen einzelne Arbeiten einer Firma. Während des restlichen Jahres arbeiten wir hier allein."

Gorbatschow, immer noch den Kopf schüttelnd: „Wo sind denn die Reparaturwerkstätten für ihren Fahrzeugpark?"

Farmer: „Haben wir nicht."

Gorbatschow: „Was machen sie aber, wenn eine Maschine ausfällt?"

Farmer: „Dann rufe ich in Winnipeg an. Es kommt dann ein Techniker im Jeep und behebt den Schaden."

Gorbatschow: „Wie lange dauert es, bis der kommt? Und wie steht es mit den Ersatzteilen?"

Farmer: „Na, einen Tag mag es vielleicht manchmal dauern, bis der Techniker kommt. Es mag auch noch einmal ein Tag vergehen, sofern ein Ersatzteil per Expreß angefordert werden muß. Wirkliche Probleme hatten wir mit Reparaturen aber nie."

Diese Unterhaltung – so erzählte mir mein kanadischer Kollege weiter – löste in Gorbatschow eine Art innerer Explosion aus. Er vergaß seine kanadische Umgebung vollkommen und diskutierte nur noch hitzig mit seiner sowjetischen Begleitung. Bis zu seinem Abflug zurück nach Moskau kannte er nur noch ein Gesprächsthema: die Farm in Winnipeg.

Begreiflich! Denn schlagender hätte ihm nicht die Effizienz der Produktionsmethoden dieses kanadischen Landwirtschaftsbetriebes, Resultate der kanadischen Wirtschafts- und Gesellschaftsordnung, demonstriert werden können. Wie ernüchternd, enttäuschend, vielleicht sogar schmerzlich, mußte für ihn der Vergleich ausfallen, den er im Geiste mit dem anstellte, das ihm von der sowjetischen Landwirtschaft nur zu gut bekannt war: die Überbesetzung mit Arbeitskräften, die nichts anderes als verdeckte Arbeitslosigkeit war – die Unfähigkeit der Planwirtschaft, sowohl die Bedürfnisse der Allgemeinheit mit Nahrungsmitteln zu decken als auch die Bedürfnisse des Produktionssektors an Betriebsmitteln und Ersatzteilen. Nur zu gut wußte er auch, daß nicht nur die sowjetische Landwirtschaft von diesen Übeln befallen war, sondern die gesamte sowjetische Wirtschaftsordnung. War dieser Besuch einer kanadischen Farm ein Schlüsselerlebnis für Gorbatschow?

Mit der Wahl von Gorbatschow trat ein gewichtiges, neues Element in die Politik. Die Nomenklatura hatte mit dem Reformwillen zugleich den Zweifel an die Spitze der Machtpyramide gewählt: den Zweifel an der Solidität von deren Fundamenten. Gorbatschow und seine Mitstreiter, etwa sein Außenminister Eduard Schewardnadse, kannten die Geschichte des Sowjetkommunismus nicht nur aus Büchern. Sie hatten sie am eigenen Leib erlebt: in ihren Familien Stalinopfer, Kriegstote, sie selbst Nutznießer, Emporkömmlinge im System, zugleich Erfahrungsträger seiner Erfolge, aber auch seiner Schwächen und Fehlschläge. Zweifel und Reformwille gemischt gaben den ersten Jahren der Regentschaft von Gorbatschow den zwiespältigen Charakter, den er selbst aktionistisch und wortreich mit den Begriffen „Perestroika“ und „Glasnost“ zu überdecken suchte. Was er bei seinem Besuch in Deutschland am 15. Juni 1989 den Stahlarbeitern der Hoesch AG in Dortmund sagte, könnte als kürzeste Zusammenfassung seiner Absichten verstanden werden: „Wir wollen, daß es in unserem Land, das über gewaltige und einmalige Möglichkeiten verfügt, mehr Sozialismus, mehr Demokratie, mehr Freiheit gibt, damit sich die arbeitenden Menschen im Land wohlfühlen. Wir verzichten nicht auf den Sozialismus, wir wollen ihm neue Qualitäten verleihen und sein humanes Potential entfalten.“

Die Probleme des Sowjetimperiums zu erkennen, war nicht besonders schwierig. Ein „neues Denken“ zu formulieren, wie Gorbatschow und seine Gefolgschaft dies taten, war schwieriger und erforderte vor allem Mut. Um das Sowjetimperium im Inneren zu reformieren, mußten auch in den Außenbeziehungen ganz neue Wege eingeschlagen und Lasten abgeschüttelt werden: Beendigung der Intervention in Afghanistan (was dann im Februar 1989 geschah), Zurückschrauben der Hilfeleistungen für kommunistische Bewegungen in der Dritten Welt, Verminderung der Rüstungslasten durch mutigere Abrüstungsgespräche mit den USA. Eine Humanisierung im Inneren setzte einen toleranteren Umgang mit Freiheitsbewegungen in den „Bruderstaaten“ voraus. All dies in die Tat umzusetzen, war eine Herkulesarbeit. Den Reformern blieb es nicht erspart, den Weg der sozialistischen Doktrin vorsichtig und pragmatisch rückwärts zu gehen – zu versuchen, deren Fehler und Irrtümer Schritt für Schritt offenzulegen, einzugestehen und zu korrigieren. Schwer genug, diese Aufgabe. Denn sie mußten gegen den Strom des sozialistischen Denkens schwimmend sich den Quellen der Irrtümer nähern und so nach und nach in die Reichweite des Vorwurfs kommen, die ideologischen Fundamente des Sozialismus und damit des Sowjetimperiums zu verraten.

Ich selbst erlebte Gorbatschow nur bei einer Gelegenheit. Die Mitglieder des diplomatischen Corps beim Heiligen Stuhl in Rom wurden ihm nach seinem Treffen mit Papst Johannes Paul II. in Rom am 1. Dezember 1989 (von dem noch die Rede sein wird) vorgestellt. Gorbatschow und der Papst gingen sehr entspannt, geradezu freundschaftlich miteinander um. Raissa, die Frau Gorbatschows, hielt zufrieden den Rosenkranz in Händen, den ihr der Papst geschenkt hatte. Von allen Seiten war zu hören, daß „die beiden Slawen" sich doch sehr gut verstanden hätten. Mir fiel die offene, die Kraft einer starken Persönlichkeit ausstrahlende Art und Weise auf, mit der Gorbatschow jedem der Gesprächspartner, so auch mir, kurz und bündig entgegentrat. Gorbatschow, seine Persönlichkeit, sein Denken, waren in jenen Jahren das allgegenwärtige Gesprächsthema im diplomatischen Corps.

Verzicht auf Gewalt

Schritt für Schritt, pragmatisch, vorsichtig ging Gorbatschow mit seinen Reformen voran. Doch da gab es bald die ersten, ganz prinzipiellen Hürden, die von der Ideologie in das herrschende System eingebaut waren. Vor allem war dies das Gewaltprinzip. Wladimir Iljitsch Lenin hatte die radikale Minderheit der sozialistischen Bewegung, die kommunistische Partei, während der Oktoberrevolution 1917 in Rußland mit Gewalt an die Macht gebracht. Die revolutionäre Gewalt setzte sich in dem darauf folgenden Bürgerkrieg so lange fort, bis die Restbestände des Zarismus vernichtet waren. Sodann folgte die Gewalt, die sich der revolutionär eroberten Staatsmacht bediente, um die sozialistische Utopie zu verwirklichen. Stalin versuchte das mit brutalster Konsequenz zu vollenden. Nur nach Millionen, nach Zehnern von Millionen lassen sich die Opfer zählen, die diesen Weg säumten.

Es folgte der Abschnitt der Gewalt, um das sozialistische System zu unterhalten, in Gang zu halten. Da in der Utopie die Notwendigkeit von Freiräumen für die individuelle Entfaltung der Person keinen Platz hatte, mußte jedem einzelnen eine Funktion in den gesellschaftlichen und wirtschaftlichen Abläufen zugeplant werden. Das System hatte Vorrang vor der Person. Die sozialistische Glücksmaschine konnte nur so funktionieren.

Der letzte Abschnitt der Gewalt diente der Verteidigung der „Errungenschaften des real existierenden Sozialismus" mit den Instrumenten der Geheimpolizei, der Mauer in Berlin, des Eisernen Vorhangs. Notfalls mußte dafür hart zugeschlagen werden. Der Einmarsch der Sowjettruppen in der CSSR bekräftigte 1968 die sogenannte Breschnew-Doktrin, derzufolge es keinem sozialistischen Land erlaubt war, den Sozialismus wieder abzuschütteln und dem sozialistischen Lager den Rücken zu kehren. Die Ideologie konnte dies nicht zulassen. Die Einführung, auch die gewaltsame Einführung des sozialistischen Systems war dieser zufolge ja ein richtiger Schritt in Richtung des allgemeinen Menschheitsglückes. Auf Gewalt konnte so lange nicht verzichtet werden, wie jenseits der Grenzen des sozialistischen Lagers noch der Klassenfeind lauerte. Diese Gefahr einmal weltrevolutionär beseitigt, könnte auf Gewalt glücklich ganz verzichtet werden. So die Doktrin.

Das dem Sowjetkommunismus immanente Gewaltprinzip war die logische Konsequenz des von der Ideologie vorausgesetzten Materialismus: die Materie als eigentliche, alles bestimmende Realität – Menschen als Material; keine Personen mit Einmaligkeitscharakter, individuellen, nicht wegnehmbaren Persönlichkeitsrechten. Die Logik der Ideologie erlaubte deswegen eine Menschenliebe nur insoweit, wie die Menschen das Material für die Verwirklichung der sozialistischen Utopie waren: als Funktionsträger, Produzenten und Konsumenten. Den höchsten Grad der sozialistischen Zuneigung genossen deswegen die Genossen in der Parteinomenklatura, auf deren Schultern das Regime ruhte. Dann kamen Schriftsteller und Künstler, die das Regime ideologisch abstützten, anpriesen – Sportler, die gezüchtet waren, durch ihre Leistungen die Überlegenheit des Systems aller Welt vorzuführen. Die Liebe zu den Massen der Werktätigen war darauf ausgerichtet, sie durch billige Lebensmittel, billige Wohnungen und soziale Absicherungen bei Produktionslaune zu halten. Nur schwache Strahlen sozialistischer Menschenliebe erreichten deswegen in der DDR die Rentner, die unnütze Esser geworden waren, nicht mehr produzieren konnten und die man deswegen gerne in den Westen ausreisen ließ. Der Kommunismus liebte die Menschen auf seine Art. Vielleicht glaubten Honecker und Mielke als letzte in der DDR sogar noch an diese spezifische kommunistische Menschenliebe – wie Stasi-Errichter und Innenminister Erich Mielke, der noch Anfang 1990 in der Volkskammer der DDR ausrief: „Ich liebe euch doch alle." Deutlicher hätte das Auseinanderfallen von Anspruch und Wirklichkeit nicht demonstriert werden können als durch die Welle des Gelächters, die damals durch die ganze DDR lief.

Der humane Sozialismus, den Gorbatschow schaffen wollte, mußte mit diesem Gedankengut brechen. Wie sehr Gorbatschow von dieser Erkenntnis durchdrungen war, kann man in seinen Memoiren Kapitel für Kapitel nachlesen, so z. B.: „In der Gewalt ein universelles Mittel zur Lösung von Problemen zu sehen ... ist nichts anderes als auf ein Niedersäbeln von Familien, Dörfern ... ja des eigenen Volkes hinzuarbeiten."

In seinem Memoiren schreibt Gorbatschow auch, daß er den führenden Repräsentanten der Warschauer-Pakt-Staaten schon wenige Tage nach seinem Amtsantritt die „Achtung der Souveränität und Unabhängigkeit eines jeden Landes" zugesagt habe. Diese hätten zustimmend genickt. Gorbatschow fügte allerdings hinzu, daß er den Eindruck gehabt habe, seine Worte seien „nicht ernst genug" genommen worden. „Ähnliches war schließlich auch früher oft erklärt worden." Den Satrapen in den von der Sowjetunion abhängigen Staaten mag es bei dieser Ankündigung nicht ganz wohl in der Haut gewesen sein. Wußten sie doch nur zu genau, daß gerade sie es waren, die ihre Posten dem Gewaltprinzip der Ideologie verdankten. Ganz offiziell machte Gorbatschow seine Politik durch Erklärungen vor der Generalversammlung der UN im September 1989, zuvor schon vor dem Europarat im Juli 1989: „Jede Einmischung in die inneren Anliegen und jeder Versuch der Beschränkung der Souveränität von Staaten, seien sie Freunde, Alliierte oder andere, sind unannehmbar." Die Völker horchten auf. Gorbatschow hatte die Breschnew-Doktrin für nichtig erklärt. Langsam begannen sie, dem Glauben zu schenken. Die „Gorbi-Gorbi"-Begeisterung, die sein Auftreten überall auslöste, hatte darin ihre Ursache. Hier kam ein Mann, der selbst überzeugen und fremde Überzeugungen nicht mehr niedertreten wollte.

Der Entschluß, auf Gewalt zu verzichten, stellte die gesamte bisherige sowjetische Innen- und Außenpolitik auf den Kopf, war der Beginn eines neuen Abschnitts der Weltpolitik. Wenn die Menschheit Gorbatschow und seinen Weggefährten Dank schuldet, dann wegen dieses mutigen Schrittes. Sage niemand, daß sie nicht anders hätten handeln können! Während der kritischen Wochen und Monate im Sommer und Herbst 1989 hatte es für sie noch etliche Gelegenheiten gegeben, die Entwicklung mit Gewalt aufzuhalten. In der DDR hätten die von der Nicolaikirche zu Leipzig im Oktober 1989 ausgehenden Demonstrationen einen anderen Verlauf genommen, hätten die Demonstranten das Geräusch rollender Panzerketten vernommen – von Panzerketten, deren Rollen eben nur deswegen nicht zu hören war, weil die Gorbatschow-Führung in Moskau die Panzer in den Kasernen hielt. Sicher hatte der Mut der Demonstranten von Leipzig, Dresden und dann auch anderen Städten der DDR Anteil an der Entwicklung; auch die Verantwortlichen des Regimes hatten dies, die ein Blutvergießen verhinderten. Ebenso ist aber richtig, daß die Entwicklung von der sich immer mehr verdichtenden Erkenntnis geprägt war, daß der Oberherr der DDR, die Sowjetunion, seine schützende Hand von dieser zurückgezogen hatte, und daß deswegen ein erfolgreicher Volksaufstand gegen das Regime möglich geworden war.

Es war fast ein letztes Aufbäumen der Sowjetmacht, als in der Nacht vom 12. zum 13. Januar 1991 sowjetische Streitkräfte, unterstützt von Spezialeinheiten des KGB, die litauische Unabhängigkeit zu zerschlagen versuchten. 14 Tote und über hundert Verletzte blieben zurück. Gorbatschow distanzierte sich halbherzig von dem Eingreifen der Militärs und überließ es dem Verteidigungsminister Dimitrij Jasow zu sagen, die Armee habe „zur eigenen Verteidigung gegenüber der in Litauen herrschenden bourgeoisen Diktatur“ eingegriffen. Doch so sehr die Blutopfer in den Kaukasusrepubliken und in Litauen zu beklagen waren, so blieben sie doch ohne Folgen für die Entwicklung – traurige Episoden und nur der Beweis, daß die Sowjetunion noch Schläge austeilen konnte, obwohl sie doch in den letzten Zügen lag.

Der letzte Grund für den Verzicht auf Gewalt war die mittlerweile verbreitete Überzeugung, daß das System des Sowjetimperiums nicht wert war, mit Gewalt verteidigt zu werden. Jens Reich, DDR-Bürgerrechtler, formulierte diese Erkenntnis Ende 1993 einmal wie folgt: „Die Verweigerung von Überzeugung, von Gläubigkeit, war es letzten Endes, die den Untergang des Sozialismus besiegelt hat.“ Gorbatschow selbst und die ihn unterstützende Reformgruppe waren die Hauptträger dieser Glaubenszweifel.

In dem konsequenten Festhalten an dem Verzicht auf Gewalt zeigte Gorbatschow staatsmännische Größe. Doch staatsmännische Größe hat oft auch den Schatten einer Tragik über sich. Denn die Geister, die Gorbatschow gerufen hatte, begannen sich selbständig zu machen. Mit einem Gemisch von Hoffnung und Furcht schaute die Welt zu. Denn was Gorbatschow angestoßen hatte, kehrte sich gegen das Sowjetsystem, richtete sich immer entschiedener gegen die Machtbasis, von der er selbst seine Legitimation herleitete. Die Entwicklung folgte einer unaufhaltsam erscheinenden, zugleich gefährlichen wie hoffnungsvollen Logik. Im ersten, in seiner Option für seine neuen Ziele, neuen Wertvorstellungen, war Gorbatschow frei gewesen. Im zweiten, im Ertragen der Folgen, wurde er zum Knecht. Warum? Mit der Aufgabe des Gewaltprinzips näherte er sich den Kernbereichen der sozialistischen Weltidee, auf denen auch seine eigene Herrschaft beruhte.

Den Anspruch aufgegeben, das Monopol der Wahrheit zu besitzen

Am 30. November 1989, einen Tag bevor Gorbatschow mit Papst Johannes Paul II. zum ersten Mal zusammentraf, hielt er auf dem römischen Kapitol eine Rede, die mich sehr aufhorchen ließ. Ich schrieb mir zu dem, was er sagte, folgende Stichworte nieder: „Unsere Zeit am Scheideweg des Schicksals. Materielle Kultur entwickelt sich mit großer Schnelligkeit. Noch viele in Armut. Ausweg: geistige Werte, neues Denken in bezug auf die Natur, die Menschen und uns selbst. Wir müssen uns auf die zeitlosen Forderungen von Moral und Menschlichkeit stützen. Notwendigkeit, die richtigen Antworten im Gewissen und in der Politik zu finden. Auf der Basis des Respektes vor den Verschiedenheiten in der Welt Suche nach Fortschritt. Unwiderruflich entschieden: Grundlage der Politik ist die Freiheit der Wahl – Dialog".

Wörtlich hielt ich folgenden Redeteil fest: „Sie mögen sagen, daß in alldem nichts neu erscheint. Sie hörten dies ja schon seit Jahrzehnten. Dennoch gibt es hier vieles, das neu und wichtig ist. Wir haben den Anspruch aufgegeben, was Monopol der Wahrheit zu besitzen, wir denken nicht mehr, daß wir die Besten sind und immer recht haben, daß die, die mit uns nicht einverstanden sind, unsere Feinde sind" (so meine Übersetzung ins Deutsche).

Eine Banalität, denn: „Wer hat schon ein Monopol auf Wahrheit?", wäre der dies hörende, aufgeklärte, im pluralistischen, westlichen Meinungsumfeld aufgewachsene Bürger zu sagen versucht gewesen. Gorbatschow sah dies offenbar anders, wenn er diese Aussage in seiner Rede als „neu und wichtig" bezeichnete. Meine Reaktion war, daß mir durch den Kopf zuckte: „Das ist die Revolution." Am nächsten Tag fragte ich zu Hause bei Stellen nach, die über sowjetologisches Wissen verfügten, ob Gorbatschow diesen Satz zuvor schon einmal gesagt habe. Die Antworten, die ich (Wochen später) erhielt, belehrten mich dahin, daß Sätze ähnlicher Art schon gefallen seien. Da mich dies nicht zufriedenstellte, forschte ich weiter. Heute weiß ich, daß Gorbatschow Äußerungen ähnlichen Inhaltes schon früher getan hatte. Er hatte diese aber immer mit Einschränkungen versehen. So hatte er sich zugleich auf Lenin berufen, was natürlich widersprüchlich war. Denn Lenin war ja der Schöpfer des „demokratischen Zentralismus", d. h. der Idee gewesen, daß von der kommunistischen Partei im Staat alles auszugehen habe, also auch Wahrheit und Macht. Die Diskussion über das Wahrheits- und Machtmonopol war zudem bis Ende 1989 mit dem Ziel geführt worden, innerhalb der KPdSU einen offeneren, pluralistischeren Kurs zu steuern, also dort die Meinungsbildung nicht nur wie bisher von oben nach unten, sondern auch von unten nach oben zu gestatten. Der Vorrang der KPdSU im Verfassungsgefüge der Sowjetunion sollte dadurch nicht angetastet werden.

Dies begann sich gegen Ende des Jahres 1989 zu ändern. In der Sowjetunion, in deren Teilrepubliken, brach überall Meinungspluralismus durch. Politische Zirkel, Gruppierungen und Keimzellen künftiger politischer Parteien blühten allenthalben auf. In Meinungsumfragen innerhalb der Sowjetunion sprach sich eine klare, von Monat zu Monat wachsende Mehrheit gegen den Machtvorrang der KPdSU aus. Die Hellsichtigen innerhalb der Sowjetunion hatten während der Wendemonate von 1989/90 klar erkannt, daß sich an dieser Frage die gesamte künftige Entwicklung entscheiden werde. Jegor Ligatschow, zu Zeiten der Wahl von Gorbatschow ZK-Sekretär für Propaganda, Ideologie und Parteiorganisation und zu jener Zeit noch entschiedener Anhänger von dessen Wahl, wandte sich immer mehr von Gorbatschow ab und warnte vor den unabsehbaren Folgen einer Aufgabe des Machtvorranges der KPdSU. Er hatte schon am 13. März 1988 den Leserbrief einer Leningrader Bürgerin, Nina Andrejewa, die glühend für die Prinzipien des klassischen Sozialismus eingetreten war, in der Sonntagsausgabe der Tageszeitung „Sowjetskaja Rossija" nochmals zugespitzt veröffentlichen lassen, was zu einer heftigen Kontroverse im Politbüro führte. Andrei Sacharow dagegen, den Gorbatschow erst Anfang 1987 aus der Internierung entlassen hatte, sprach sich ebenso entschieden für eine Aufgabe des Machtvorranges der KPdSU aus und sagte in seiner letzten öffentlichen Rede vor seinem Tod am 14. Dezember 1989, daß sich an dieser Frage die gesamte künftige Entwicklung entscheiden werde. Die gleichen Kontroversen erlebten die sozialistischen Partnerstaaten. Neue Verfassungsordnungen begannen sich abzuzeichnen: zuerst halbfreie, dann immer freiere Wahlen, also der Übergang von der Sowjetmacht zur Volkssouveränität.

Worte, Sätze leiten ihre Bedeutung zudem nicht nur davon ab, was über sie in einem Lexikon steht. Jeder Sprachwissenschaftler wird uns sagen, daß deren Bedeutung ebenso davon abhängt, in welche Szene sie hineingesprochen, von wem sie gesagt, an wen sie gerichtet, wo und wann sie gesprochen werden. Wenn also Gorbatschow, d. h. die Spitze der Machtpyramide des Sowjet-, ja des Weltkommunismus, sich einen Tag vor seinem Treffen mit dem Papst, Ende November 1989, vor der Weltöffentlichkeit, inmitten der Unrast im sozialistischen Lager von dem Postulat des Wahrheitsmonopols der KPdSU lossagte, so gab dies der Entwicklung den entscheidenden revolutionären Stoß nach vorne. Er wurde selbst zum Revolutionär. Denn wenn die Ideologie nicht mehr das Monopol auf Wahrheit für sich beanspruchen konnte, dann hatte sie auch das Anrecht auf die Macht verloren. Und daß er seinen Ausspruch wenige Tage später in einer Rede vor der Vollversammlung der Vereinten Nationen noch einmal wiederholte, zeigte, daß es ihm Ernst damit war.

In höchstem Maße aufschlußreich dafür, wie in der westlichen Welt die Mehrzahl der Antennen falsch für den Empfang von dem ausgerichtet waren, was sich im Sowjetimperium unter der Oberfläche an machtvollen Veränderungen vollzog, ist die schlichte Tatsache, daß dort die Kernsätze der Rede Gorbatschows auf dem Kapitol vom 30. November 1989 keine Zeitungsschlagzeile und keine Agenturblitzmeldung wert waren. Die westlichen Beobachter (die ja nur gelernt hatten, mit Wirtschaftszahlen, Zahlen von Panzern und Raketen umzugehen) waren fast sämtlich derart mit dem Registrieren des oberflächlich, materiell Greifbaren und Meßbaren beschäftigt, daß ihnen das Verständnis dafür abhanden gekommen war, was es war, das die Fundamente des Sowjetimperiums tektonisch auseinanderbrechen ließ.

Es war logisch, daß der geistigen Entmachtung der KPdSU die Entmachtung in der Verfassung auf dem Fuße folgte. Dem konnte auch Gorbatschow sich nicht länger entziehen. Zum Erstaunen mancher seiner Anhänger und Gegner stellte er sich, als er an dieser Frage nicht mehr vorbeikommen konnte, wieder einmal an die Spitze der Entwicklung, indem er während des Plenums des Zentralkomitees der KPdSU Anfang Februar 1990 selbst vorschlug, im Kongreß der Volksdeputierten den Antrag auf Streichung des Artikels 6 der Verfassung zu stellen, d. h. den Vorrang der KPdSU im Machtgefüge des Staates aufzugeben. Der Beschluß, der dies umsetzte, bestimmte dies zwar in einer etwas verklausulierten Form; jedoch wurde klar, daß die KPdSU ihr Monopol aufgegeben hatte und künftig ihre Stellung mit anderen politischen Kräften in einem pluralistischen Zusammenwirken teilen mußte. Zum Ausgleich des Machtverlustes, den Gorbatschow selbst durch die damit verbundene prinzipielle Schwächung der Stellung des Generalsekretärs der KPdSU erlitt, empfahl er die Einführung einer Präsidialverfassung. Am 12. März 1990 billigte der Kongreß diese Änderung. Die Revolution, die sich zuvor schon in den Köpfen, in der politischen Bewußtseinsbildung des Landes durchgesetzt hatte, erhielt ihre juristische Bestätigung. Die Sowjetunion des alten Typs war tot.

Nach dieser Kehrtwendung folgt der kurzfristige Schein einer Machtfülle Gorbatschows, die es in einer Person vereint bisher in der Sowjetunion noch nicht gegeben hatte. Im Sommer 1990 besetzt Gorbatschow alle Schaltstellen der Macht: Generalsekretär der Partei, Vorsitzender des Präsidiums des Obersten Sowjets, Präsident des neugewählten Kongresses der Volksdeputierten, Staatspräsident der UdSSR.

Diese Machtfülle ist aber nur noch ein Schein. Nach der Selbstaufgabe der Vormacht der KPdSU in Staat und Gesellschaft lockern sich rasch zwei Klammern: die Klammer um den Staat Sowjetunion, die Klammer um die in den Teilrepubliken repräsentierten Nationalitäten – ein doppelter Prozeß also: die Demokratisierung der Sowjetunion, die Entkolonisierung des Sowjetimperiums. Der Prozeß wird unumkehrbar, als Rußland am 12. Juni 1990 sich für souverän erklärt. Was dann folgt, ist nur noch ein Auflösungsprozeß des alten Machtimperiums, in welchem die allsowjetische KP Schritt für Schritt in den Teilrepubliken aus ihren Positionen verdrängt wird – sodann neue, demokratischer legitimierte Strukturen entstehen und die Teilrepubliken die alten um sie geschlungenen Unionsbande abstreifen.

Im Sommer 1991 steht dann noch einmal alles auf der Kippe. Boris Jelzin hatte am 20. Juli die Aktivitäten der KPdSU in Betrieben und Verwaltungen Rußlands verboten. Die Gegenkräfte sammeln sich noch einmal. Mitte August der Putschversuch durch ein „Staatskomitee für den Ausnahmezustand" unter Führung von Altkommunisten. Die Niederschlagung durch Jelzin mit Unterstützung der Moskauer Bevölkerung und ihm ergebener Teile der Streitkräfte. Gorbatschow kehrt zwar in seine Büroräume zurück. Von dort gibt es aber nichts mehr zu beherrschen; der Gegenstand der Beherrschung hatte sich aufgelöst. Schon am 24. August tritt er von dem Amt des Generalsekretärs der KPdSU zurück. Am 6. November verbietet Jelzin diese ganz auf dem Gebiet Rußlands. Am 15. November stellen die Ministerien und Obersten Behörden der Sowjetunion ihre Tätigkeit ein. Rußland, die Ukraine und Weißrußland beginnen mit der Bildung der „Gemeinschaft Unabhängiger Staaten" (GUS), einem der Europäischen Union vergleichbaren Staatenverbund, erklären am 8. Dezember die Sowjetunion für aufgelöst. Gorbatschow legt am 25. Dezember das Amt des Staatspräsidenten der Sowjetunion nieder. Der Zerfall des Sowjetimperiums ist abgeschlossen.

Während der Französischen Revolution, die 200 Jahre zuvor stattfand, hatte das Prinzip der Volkssouveränität das königliche Gottesgnadentum abgelöst. In Rußland hatte sich das Gottesgnadentum mit der Abdankung von Zar Nikolaus II. im März 1917 verabschiedet. Während der nachfolgenden inneren Wirren hatte sich aber nicht die Volkssouveränitat durchgesetzt, sondern die Diktatur einer sich aus der marxistischen Ideologie legitimierenden Parteinomenklatura, beginnend mit Lenin, vollendet durch Stalin. Erst 70 Jahre später, während der Ära von Gorbatschow, nahm dieser Umweg ein Ende. An die Stelle der Parteidiktatur traten politischer Pluralismus, Rechtsstaat und Anerkennung von Grundfreiheiten der Bürger. Es begann der schwierige Weg in die Demokratie. Das war die Revolution. Und die neue Verfassungswirklichkeit, die folgte, forderte Volkssouveränität, Pluralismus, Marktwirtschaft, Meinungsfreiheit, Rechtsstaat und Menschenrechte. Nur die Forderung danach, aber keine sicher wirkenden Rezepte dafür konnte diese neue Verfassungswirklichkeit anbieten. Denn Freiheit gibt bekanntlich nicht Sicherheiten, sondern nur Möglichkeiten.

Bei einer Revolution ist es wie bei dem plötzlichen Umkippen eines Stoffes von einem Aggregatzustand in einen anderen. Die Auswirkungen davon geschehen dann überall in einer sich überstürzenden Entwicklung fast gleichzeitig. Politik, die Entwicklungen unter normalen Bedingungen orientiert und gestaltet, hat dann Mühe nachzukommen. Staatsmännische Größe zeigt sie, wenn es ihr gelingt, das Gefährt den abschüssigen Hang hinunter friedlich zu lenken und dergestalt eine gute Ankunft zu sichern. Diese staatsmännische, weltgeschichtliche Größe hatte Gorbatschow. Die revolutionäre Entwicklung, die er auslöste, steuerte er zuerst. Dann wurde er selbst von ihr fortgerissen. Alles aber verlief – dies ist wohl sein größtes Verdienst – friedlich.

Es lag in der Logik der Entwicklung, daß sich gleichzeitig mit der Entwicklung in der Sowjetunion die kommunistischen Regierungen in sämtlichen anderen Staaten des früheren Ostblocks verabschiedeten. In der CSSR wird Vaclav Havel, der noch im Februar des gleichen Jahres im Gefängnis gesessen hatte, am 29. Dezember 1989 zum Staatspräsidenten anstelle des zurückgetretenen Husak gewählt. Fast gleichzeitig stürzt nach blutigen Unruhen Ceausescu in Rumänien und wird von den neuen Machthabern getötet. Nach freien Wahlen am 25. März 1990 in Ungarn und am 17. Juni 1990 in Bulgarien treten auch dort die sozialistischen Regime ab. In Polen verlief die Entwicklung langsamer, organischer. Lech Walesa gewinnt die Präsidentschaftswahlen am 9. Dezember 1990.

Gorbatschow und der Papst

Wohl nichts liefert ein so deutliches Schlaglicht auf das, was damals im Sowjetimperium unter dem Vorzeichen der „Politik des Neuen Denkens“ vor sich ging, wie die Entwicklung der persönlichen Beziehungen zwischen Gorbatschow, der Spitze der sowjetischen Machtpyramide, und dem Papst. Erzfeinde waren sich doch die Generalsekretäre der KPdSU und die Päpste bis dahin gewesen, die Antipoden der beiden geistigen Zentren, die wie Feuer und Wasser einander entgegengestanden hatten.

Das erste Treffen Gorbatschows mit dem Papst vom 1. Dezember 1989, das, wie schon geschildert, die Annäherung zwischen dem Kreml und der römischen Weltkirche einleitete, war von der sowjetischen Regierung sorgfältigst vorbereitet worden. In Klingenthal bei Straßburg hatten sich vom 18. bis 21. Oktober 1989 Delegationen des Heiligen Stuhls unter Leitung des französischen Kurienkardinals Paul Poupard und der Sowjetregierung unter Silin, dem Vizepräsidenten des Sowjetischen Komitees für Sicherheit und Zusammenarbeit in Europa, zu einem politisch-philosophischen Grundsatzgespräch getroffen. Kardinal Poupard sagte mir danach, daß sich die sowjetischen Beiträge bei diesem Treffen deutlich von dem bisher herrschend gewesenen partei- und staatsamtlichen Atheismus abgesetzt und in Richtung eines laizistischen Staatsverständnisses bewegt hätten. Vor allem sei das Prinzip der Religionsfreiheit von sowjetischer Seite herausgestellt worden. Die Moskauer Medien gaben dem Treffen Gorbatschows mit dem Papst in der Vorschau einen wesentlich höheren Rang als dem gleichzeitigen Besuch Gorbatschows in Italien. Zum ersten Mal erhielt die

Person des Papstes eine uneingeschränkt positive Darstellung, dies vor allem in seiner Rolle bei der Sicherung des Weltfriedens.

Das Treffen war kein Eintagsereignis. Erzbischof Colasuonno, der nach 1990 Sonderbeauftragter des Papstes in Moskau gewesen war, schilderte mir, als ich ihn in Rom nach seiner Rückkehr im Jahre 1993 noch einmal traf, Gorbatschow habe ihm bei zwei Gelegenheiten ausführlich erläutert, daß er, wenn er bei der Vorbereitung von Reden oder Schriften mit seinen Gedanken festgefahren gewesen sei, sich auch Texte von Aussagen des Papstes zu sozialen Fragen habe geben lassen, um Lehren daraus in seine Überlegungen einzubeziehen. Gorbatschow und seine Weggenossen dachten in ihrem Suchen nach neuen Horizonten über die Ränder der klassischen kommunistischen Doktrin hinaus und entwickelten die Bereitschaft, sich auch mit dem Gedankengut der bisherigen ideologischen Erzfeinde auseinanderzusetzen. Wo aber fanden sie dieses? In Lehrbüchern über Marktwirtschaft? Wer seine Phantasie etwas walten läßt, wird dazu gelangen, daß Gorbatschow sich wohl eher mit geistig Prinzipiellerem befaßte, sich auch lieber in den grenznahen Regionen umschaute, so in Polen, und sich die Frage vorlegte, was denn wohl das Gedankengut gewesen war, das dort nach dem Auftreten des Papstes Millionen auf die Beine gebracht hatte. Die katholische Soziallehre: die Botschaft des Friedens, die Botschaft von der Freiheit des Arbeiters und des Kapitals, der Gedanke der Solidarität, des Dienstes an den Menschen, dem alles Wirtschaften untergeordnet sein müsse, sei – so meinte Colasuonno – das kräftigste ideologische Gegenmodell zur kommunistischen Lehre gewesen. In der Tat: Hätte Johannes Paul II. den Arbeitern der Danziger Werft 1987 anstelle seiner Predigt über die katholische Soziallehre aus Lehrbüchern über westliche demokratische Systeme oder Marktwirtschaft vorgelesen, so hätte dies nicht die elektrisierende Wirkung gehabt, die seine Predigt hatte.

Ein erstaunlicher Vorgang: Wer in der westlichen Welt hätte in den Jahren vor der sogenannten Wende vorherzusagen gewagt, daß Gorbatschow, der letzte Nachfahre von Lenin, sich für sein Denken

Inspirationen aus der katholische Soziallehre holen und den Papst als den großen Weltveränderer bezeichnen werde, von dem diese Revolution ihren Ausgang genommen habe? Propheten, die solches vorhergesagt hätten, wären belächelt und als Kandidaten für die Aufnahme in eine psychiatrische Klinik bezeichnet worden.

Die Wertschätzung, die Gorbatschow dem Papst und dem Vatikan während seiner Amtszeit als Oberherr des Sowjetimperiums erwies, hat er sich auch nach dem Rücktritt von seinen Staats- und Parteiämtern bewahrt. Mehrfach besuchte er den Papst als Politikpensionär in dessen Gemächern im Vatikan und unterhielt sich mit ihm über den Gang der Weltpolitik. Er bekräftigte seine Wertschätzung des Papstes und des Vatikans am 27. Juni 2000 auch öffentlich noch einmal auf außergewöhnliche Art und Weise. An diesem Tag wurde im Vatikan ein Buch der Öffentlichkeit vorgestellt. Für sich genommen nichts Besonderes. Doch es waren die (schon erwähnten) Erinnerungen, hinterlassenen Schriften des 1998 verstorbenen ehemaligen Kardinalstaatssekretärs Agostino Casaroli – des Mannes, der vier Päpsten als Diplomat gedient hatte und dessen Name untrennbar mit dem verbunden gewesen war, was man die „Ostpolitik des Vatikans“ zu nennen sich angewöhnt hatte. „Das Martyrium der Geduld. Der Heilige Stuhl und die kommunistischen Staaten von 1963 bis 1989“ hatten die Herausgeber das Buch genannt. In doppeltem Sinne ein Martyrium. Die Päpste und ihre Mitarbeiter mußten sich immer wieder aufs neue die Köpfe darüber zermartern, was jeweils zu tun sei. Sie mußten wissen, das alles, was sie unternahmen, auch auf dem Rücken der Gläubigen in den Ostblockstaaten und deren Ortskirchen stattfand. Je härter die Fundamentalopposition des Vatikans gegen die kommunistische Herrschaft, um so größer die Gefahr neuer Kirchenverfolgungen mit neuen Märtyreropfern. Das Selbstverständnis der katholischen Kirche schließt zwar ein, daß ihr Weg durch die Zeit immer wieder von Märtyreropfern gesäumt ist. Dies geht aber nicht so weit, daß sie solche Opfer heraufbeschwören oder gar von den einzelnen Gläubigen verlangen kann.

Doch mehr noch gab es in Rom an diesem Dienstag, was die Buchvorstellung zu einem aufregenden Ereignis machte. Neben Kardinal Sodano, dem amtierenden Staatssekretär, neben Kardinal Silvestrini, dem langjährigen Weggefährten von Casaroli, die die Veranstaltung leiteten, saß Michail Gorbatschow, letzter Präsident der Sowjetunion und letzter Generalsekretär der KPdSU. Kein Zusammentreffen hätte symbolträchtiger den Wandel demonstrieren können, der mit dem Zerfall des Sowjetimperiums das Weltdenken verändert hatte, als die Anwesenheit von Michail Gorbatschow bei dieser Buchvorstellung in Rom. Der letzte Nachfolger von Lenin, Stalin, Chruschtschow, Breschnew, Andropow und Tschernenko, der letzte Oberherr des inzwischen zerfallenen Sowjetimperiums war also nach Rom gereist, um der Vorstellung des Buches ein Ehrengeleit zu geben, in dem nachlesbar ist, welche Pläne in dieser Institution ohne Divisionen, der Zentrale der römischen Weltkirche, einmal geschmiedet worden waren, um die kommunistische Weltidee zu Fall zu bringen. Kehrtwendungen in der Politik von Rang geht stets ein Wandel in Überzeugungen voraus, die durch die harte Schule der Wirklichkeit gegangen sind. Welch lange, schwierige innere Wege hatte Gorbatschow zurücklegen müssen, bevor er sich daran machte, die Ost-West-Rivalität friedlich zu beenden und sich dadurch mehr als jeder andere Staatsmann der zweiten Hälfte des 20. Jahrhunderts in das Buch der Geschichte einzuschreiben?! Und daß er sich nach seinen weltgeschichtlichen Leistungen auch noch nach Rom aufmachte, um dem Ideengut des Erzfeindes des von ihm einst beherrscht gewesenen Imperiums seine Reverenz zu erweisen, zeigt mehr als alles andere, wie ernst ihm dieser Überzeugungswandel gewesen war. Bezeichnend für den geringen Tiefgang im Gedächtnis der westlichen Medienwelt ist, daß ihr die Anwesenheit von Michail Gorbatschow bei dieser Buchvorstellung in Rom kaum noch eine Erwähnung wert war.

Gorbatschow aber ist nach seinem Abtreten von der politischen Bühne nur noch der Leiter eines Forschungsinstituts, ein Interviewgeber, Artikelschreiber, Redner, gern gesehener Gast auf mancherlei Veranstaltungen, dem jedermann, der etwas auf sich hält, einmal die Hand gegeben haben möchte. Das sowjetische Imperium, das er einmal leitete, ist zerbrochen. Ist er deswegen ein Gescheiterter? Wer dies heute mit Bedauern sagt, enthüllt damit entweder geheime Sympathien für das, was Gorbatschow zu Grabe trug, oder er zeigt sich als Anhänger eines Geschichtsdeterminismus nach dem Prinzip: „Es mußte ja alles so kommen." Dem kann nur wieder einmal entgegengehalten werden, daß es auch ganz anders hätte kommen können.

Wer lernen möchte, von welchen inneren moralischen Kräften Gorbatschow getragen war, der sollte den kurzen Aufruf an die Sowjetbürger lesen, mit dem er sich am 25. Dezember 1991 von der politischen Bühne verabschiedete. Ein Staatsmann minderer Statur hätte bei einer solchen Gelegenheit Enttäuschung, Schuldzuweisungen, Selbstzweifel die Oberhand gewinnen lassen. Nicht so Gorbatschow. Der Aufruf ist ein klares Bekenntnis zu seinen Grundvorstellungen und ein optimistischer Ausblick in die Zukunft seines Landes, sofern dieses auf der Linie der Demokratie, der Freiheit und der Menschenwürde bleibt. Gorbatschow hielt auch in diesem für ihn persönlich so bitteren Augenblick den Kopf oben und blieb sich treu.

Die Geschichte eilte der Politik voran

„Geschichte im Entstehen" nannte der Historiker Arnold Esch (FAZ vom 14. Juli 1990), was er rechts und links einer Fahrt durch die sich auflösende DDR im Sommer 1990 wahrnahm, was ihm die Nachrichten von der so rasch fortschreitenden, sich überstürzenden Entwicklung dazu sagten. Das undenkbar gewesene war nicht nur denkbar, sondern Wirklichkeit geworden: Eine Idee, eine Doktrin, ein Regime, das seine Schatten bis kurz zuvor noch um den ganzen Erdball geworfen hatte, war dabei, sich selbst aufzugeben, sein Waffenarsenal abzulegen und sich für ein neues Zeitalter zu öffnen. Im März des Jahres hatten die Wähler in den ersten freien Wahlen das SED-Regime gestürzt; die vertragliche Besiegelung der Wiedervereinigung sollte noch im Oktober kommen. Es war die Zeit des Übergangs, in welcher im Sowjetimperium und in der Ost-West-Rivalität alles im Fluß war, die Zukunft wieder einmal offen und ungewiß. Die Verhältnisse hatten sich auf den Kopf gestellt. Die Geschichte war der Politik vorausgeeilt. Nur atemlos konnten die Regierungen und Parlamente den Ereignissen, die sich selbständig gemacht hatten, hinterherlaufen – wie ein Kutscher, dem die Pferde durchgegangen sind und dem nur noch bleibt, „vom Steine hier, vom Sturze dort die Räder wegzulenken". Und der Historiker, der das alles verstehen und erklären wollte, konnte nur, wie Arnold Esch es sich selbst eingestand, erstaunt vor dem Geschehenen innehalten und sich der Grenzen der eigenen Erkenntnisfähigkeit bewußt werden.

Das Gesetz des Handelns war der Politik aus der Hand geglitten und von namenlos gebliebenen Frauen und Männern aufgegriffen worden. Menschen waren es, die am Wegrand gewartet und die, wie es schien, nicht über einen Hauch von politischer Macht verfügt hatten. Doch hatten sich in diesen Menschen, in deren Herzen, deren Seele und deren Verstand machtvolle Veränderungen vollzogen, die sie, die doch bis dahin nur immer Objekte der Politik gewesen waren, ganz unvermittelt zu Subjekten von Politik, zu Verantwortungsträgern werden und beherzt in die Weltgeschichte eingreifen ließen. Es wird immer im Dunkel der Vergangenheit verborgen bleiben, wer der erste DDR-Bürger war, der nach der Ankündigung des zweitrangigen SED-Funktionärs Günter Schabowski von im Politbüro der SED beschlossenen Erleichterungen im Grenzverkehr am Abend des 9. November 1989 dazu aufrief, ganz regellos „hinüberzumachen" und der damit die Lawine auslöste, die die DDR unter sich begraben sollte. Doch Gleiches hatte es ja schon vorher gegeben. Namenlos sind bis heute diejenigen geblieben, die als erste unter den DDR-Touristen in der CSSR im Oktober 1989 zum Sturm auf die deutsche Botschaft in Prag riefen, sich dann mit Tausenden von ihnen gefolgten Gleichgesinnten in dieser so lange verschanzt hielten, bis die Politik ihnen die Ausreise in den Westen Deutschlands öffnete und Hans Dietrich Genscher ihnen dies vom Balkon der Botschaft ankündigen konnte – eine Ankündigung, die, als nur das Wort „Ausreise“ gefallen war, im stürmischstem Jubel unterging.

Ganz namenlos sind auch die DDR-Bürgerinnen und Bürger geblieben, die der Hoffnung vertrauend, daß Ungarn die Grenze zum Westen geöffnet habe, im August 1989 die kleine deutsche Botschaft in Budapest umlagerten, sich mit keinem Versprechen auf eine administrative Regelung ihrer Wünsche abspeisen ließen und unerbittlich auf ihrer Forderung beharrten: „Wir wollen raus.“

Was im Sommer und Herbst 1989 in Ungarn geschah, war wieder eine bedeutungsträchtige Vorentscheidung auf dem Weg zur Öffnung der Mauer in Berlin am 9. November 1989. Zu Recht gebührt auch der ungarischen Regierung bis heute der Dank, den DDR-Flüchtlingen am 10. September 1989 die Ausreise in den Westen gestattet und damit auch als erster der Warschauer-Pakt-Staaten der DDR die Blocksolidarität aufgekündigt zu haben. Doch gleichwohl ist es zum Verständnis von dem, was damals in Ungarn geschah, unerläßlich, dem noch einmal genau im Detail nachzuforschen; denn es waren auch dort nicht die Regierungen, die über die Gesetze des Handelns verfügten; die Notwendigkeit zur Entscheidung wurde ihnen von namenlosen Revolutionären aufgezwungen. Auch in Ungarn wurde der Stacheldraht weder großherzig von der Regierung in Budapest geöffnet, noch wurde dies von der Bonner Regierung erzwungen. Hier, wie auch nachfolgend in der CSSR und am 9. November in Berlin, waren es namenlose Revolutionäre, die den Fall der Grenzhindernisse von Osten her erzwangen.

Auf Initiative der Paneuropa-Union, hier vor allem ihres internationalen Präsidenten Otto von Habsburg, Sohn des am 3. Oktober 2004 seliggesprochenen, letzten österreichischen Kaisers Karl I. und rühriger Europaabgeordneter, hatte es im Frühsommer 1989 Gespräche mit der sich damals schon regenden ungarischen Opposition und der ungarischen Regierung mit dem Ziel gegeben, das

Absurde des auch an der österreichisch-ungarischen Grenze noch so perfekt funktionierenden Grenzsicherungssystems der Weltöffentlichkeit vor Augen zu führen. Der Paneuropa-Union ging es darum, ein Zeichen für die Zusammengehörigkeit ganz Europas und die Freiheit seiner Völker zu setzten, der ungarischen Regierung darum, in einem demonstrativen Akt ein Beispiel für die in Ungarn beginnende Liberalität zu geben. Die Gespräche, in denen der Chef des Hauses Habsburg vor allem von seiner Tochter Walburga vertreten wurde, und das ungarische Außenministerium unter Gyula Horn sich schon einmal querlegte, hatten schließlich zu der Einigung geführt, diese Demonstration am 19. August 1989 unter dem Namen der „Picknick-Feier" an der österreichisch-ungarischen Grenze in Szene zu setzten. So griffen an diesem Tag an der Grenze ungarische und österreichische Regierungsvertreter zu Eisenscheren und schnitten Stacheldraht bildwirksam durch. Und Hunderte in Ungarn weilende DDR-Urlauber nutzten dies spontan zum Sprung in den Westen. In der DDR sprach sich das herum. Die Zahl der DDR-Bürger, die über Ungarn in den Westen flüchten wollten, schwoll daraufhin sprungartig an. Sie waren aber dem Irrtum erlegen, daß die Grenze zum Westen in Ungarn ganz geöffnet sei. Doch nach dem symbolischen Stacheldrahtdurchschneiden, auch Akt in einer Imagekampagne Ungarns, um sich Vertrauen und Kreditwürdigkeit im Westen zu verschaffen, war die Grenze wieder geschlossen worden und bewacht geblieben. Nur drei Tage nach dem Grenzpicknick, am 22. August 1989, stellte ein ungarischer Grenzer einen DDR-Bürger bei dessen Versuch, die Grenze nach Österreich zu überschreiten. Es fiel ein Schuß aus der Waffe des Grenzers. Der Flüchtling, Karl-Werner Schulz, ein junger Architekt aus Weimar, starb. Er war das letzte Todesopfer am Eisernen Vorhang, der Ost und West Jahrzehnte getrennt hatte und der danach so rasch fallen sollte. Die ungarischen Grenzbehörden sagten später, daß der Todesschuß unabsichtlich gefallen sei. Als es bei dem Festnahmeversuch zu einem körperlichen Kontakt zwischen dem Grenzer und dem DDR-Bürger gekommen sei, habe sich aus der Waffe des Grenzers versehentlich der Schuß gelöst. Eine Frau und deren Kind, die mit Karl-Werner Schulz die Grenze hatten überwinden wollen, gestatteten die ungarischen Behörden schon am Tage darauf den freien Übergang nach Österreich. Was immer auch an diesem 22. August 1989 an der österreichisch-ungarischen Grenze geschah – der tragische Vorgang führte nicht zu einem Versiegen des Stroms von DDR-Urlaubern, die über Ungarn den Weg in den Westen suchten. Zuerst Hunderte und dann immer mehr ausreisewillige DDR-Bürger umlagerten bald die deutsche Botschaft in Budapest mit der Bitte um Hilfe bei der Ausreise. Diese aber konnte nichts anderes tun, als die Namen der Ausreisewilligen zu notieren und ihnen zu versprechen, daß ihre Fälle in den Gesprächen mit der DDR über Ausreiseanträge berücksichtigt werden würden. So war dies ja schon lange die Übung gewesen. Die Bundesregierung hatte auf diesem Wege in den Jahren zuvor Tausende DDR-Bürger mit Geldleistungen „freigekauft". Nun aber trat ein ganz neues Element hinzu, ein Wetterleuchten der Revolution, die sich am Horizont zusammenbraute. DDR-Bürger, die mit Botschaftsangehörigen sprachen, ließen sich so nicht mehr abspeisen. „Wir wollen raus und bleiben so lange hier, bis ihr uns dafür einen Weg zeigt", sagten sie. Ein revolutionärer Bruch mit den bis dahin gängig gewesenen Denkweisen derer war dies, die sich mit dem, was von oben gesagt worden war, immer abgefunden hatten. Außerdem schloß die sich täglich vergrößernde Zahl der vor der Botschaft kampierenden DDR-Fluchtwilligen die Anwendung des bisher mehr oder weniger im Geheimen geübten Freikaufverfahrens aus.

Zudem verstießen die DDR-Bürger, die die Botschaft belagerten, nicht nur gegen die DDR-Gesetze, die eine freie Ausreise aus dem Arbeiter- und Bauernstaat verboten. Sie richteten sich auch gegen die Verfahren und politischen Sichtweisen, die sich im Westen herausgebildet hatten und denen die Erhaltung des Status quo ein Element der Friedenssicherung war. An diesem zu rütteln, war durch die Jahre mit dem Heraufbeschwören von Kriegsgefahr, ja der Atomkriegsgefahr gleichgesetzt worden. Alles schien dem untergeordnet: die Ostverträge der 70er Jahre betreffend Deutschland, das Rote Telefon zwischen Moskau und Washington, der KSZE-

Prozeß – und natürlich auch das zwischen Bonn und Ostberlin vereinbarte Freikaufverfahren, das administrativ-geschmeidige, unspektakuläre Lösungen für leider immer wieder gegen den Stachel der etablierten Verhältnisse löckende Ausreisewillige und Flüchtlinge der DDR vorsah. Was diese Verhältnisse aufweichen, verändern wollte, galt als gefährlich und störend. War dies nicht zu verständlich? Denn die etablierten Verhältnisse hatten sich doch bewährt, Jahrzehnte den Frieden gesichert, es immer ermöglicht, sich zuspitzende Entwicklungen in ruhigere Bahnen zu lenken. Warum also in den sich neu abzeichnenden Entwicklungen diese bewährten Methoden der Krisenbewältigung aufgeben? Außerdem haben Funktionäre bekanntlich wenig Sympathien für Revolutionäre. So gab es denn in Bonn nicht nur Begeisterung, als US-Präsident Ronald Reagan am 12. Juni 1987 in Berlin nach Osten rief: „Mister Gorbatschow, reißen Sie diese Mauer nieder!" Einen mit DDR-Angelegenheiten betrauten Kollegen hörte ich damals sagen: „Das war gar nicht hilfreich!" Daß solchen Vorstellungen das Verlangen nach Wiedervereinigung noch störender war, lag in deren Natur. Wie sehr in jenen Wochen die Erkenntnisse von dem, was sich in der DDR ankündigte und was deswegen zu tun sei, im Westen Deutschlands hinter der tatsächlichen Entwicklung herhinkten, kann am Kommentar eines renommierten Journalisten abgelesen werden, der noch Ende Juni 1989 schrieb: „Wer heute das Gerippe der deutschen Einheit aus dem Schrank holt, kann alle anderen nur in Angst und Schrecken versetzen." All solche Überlegungen plagten die auf sofortige Hilfe bei der Ausreise sich vor der deutschen Botschaft in Budapest drängenden Flüchtlinge natürlich nicht. Bei ihnen gab es nur ein Grundgefühl: daß die „Zeit reif" sei, mit den ihre Ausreise hindernden etablierten Verhältnissen Schluß zu machen. Ihnen war wahrscheinlich auch wenig bewußt, welch hektische Betriebsamkeit sie in Regierungs- und Botschaftskanzleien in Gang setzten: Botschaftsberichte, Weisungen hin und her aus den Zentralen – beides sowohl im Osten als auch im Westen. Doch auch diese hektische Betriebsamkeit bewegte sich ausschließlich im Rahmen der bestehenden Verhältnisse, d. h. im Rahmen der den Status quo sichernden politischen Vorstellungen und Verfahrensweisen. Angesichts der verhärteten Denkweise der vor der Botschaft unbekümmert ausharrenden, auf dem Ausreisewunsch beharrenden DDR-Flüchtlinge führte dies aber in eine Sackgasse, aus der verzweifelt Auswege gesucht wurden. Am Sonntag, den 13. August 1989, sah sich das Auswärtige Amt gezwungen, die Botschaft vor dem Andrang der immer mehr anschwellenden Zahl der diese bedrängenden DDR-Bürger zu schließen. Dabei spielte mit, daß die Botschaft in Budapest in einem relativ kleinen Gebäude (anders als die wenig später von DDR-Ausreisewilligen belagerte Botschaft in Prag) untergebracht war, auch das Botschaftsgelände wenig Platz für diese bot. Die deutsche Öffentlichkeit begann, sich der Sache zu bemächtigen. Die Bild-Zeitung kam zwei Tage später mit der Schlagzeile heraus: „Unglaublicher Skandal in Budapest. Unsere Botschaft warf DDR-Bürger hinaus“ – eine Tatsache, welche die Nervösität noch mehr ansteigen ließ. Doch trat in dieser kritischen Lage ein neues Element hinzu, das sowohl dem Problem, das sich gestellt hatte, eine neue Qualität verlieh, als auch einen Ausweg wies.

An dem der Schließung der Botschaft folgenden Montag, den 14. August 1989, standen der Vertreter des deutschen Botschafters in Budapest, Detlof von Berg, und Csilla von Boeselager samt einigen Helfern des deutschen Malteser-Hilfsdienstes bei einem Empfang, mit einem Cocktailglas bewaffnet, in angeregter Unterhaltung zusammen. Die deutschen Malteser leisteten damals Hilfe bei dem Wiederaufbau eines ungarischen Malteserdienstes; auch betreuten sie Hilfslieferungen nach Rumänien. Herr von Berg fragte Frau von Boeselager, ob die deutschen Malteser bei der Betreuung der DDR-Flüchtlinge Hilfe leisten könnten. Diese sagte spontan zu. (Das Eingreifen in die Politik in schwierigen Situationen scheint den Boeselagers und Angeheirateten im Blut zu liegen. So gehörten zwei der Familie von Boeselager zu den Verschwörern des 20. Juli 1944, die Hitler umbringen wollten.) Danach ging alles schnell. Der ungarische Pfarrer Imre Kozma stellte Gemeindegelände für ein Zeltlager zur Verfügung. Bald standen dort, von ungarischen und deutschen Malteserhelfern errichtet, die ersten Zelte. Frau von

Boeselager organisierte gemeinsam mit der Zentrale des deutschen Malteser-Hilfsdienstes wie ein Wirbelwind Lastwagenkolonnen voller Hilfslieferungen für die DDR-Flüchtlinge. Die Aktionen der Freiwilligen der Malteser-Hilfsdienste waren, da sie unter den Augen der ungarischen Sicherheitsbehörden (und auch des DDR-Staatssicherheitsdienstes) stattfanden, nicht ohne persönliches Risiko. Es gab auch konkrete Drohungen. Für die Bundesregierung aber war es eine unschätzbare Erleichterung, daß sich die erste Hilfe für die DDR-Flüchtlinge privat und spontan entwickelte. Dergestalt war dem Vorwurf, daß sie sich selbst in die Vorgänge in Ungarn einmische (also den Weg der etablierten, den Status quo sichernden Verhältnisse verließ), der Boden entzogen. Die Situation, vor der die ungarische Regierung bei ihrer Frage, was mit den DDR-Flüchtlingen geschehen solle, stand, war durch das Bestehen des Malteserlagers mit geprägt. Für die ungarische Regierung stellte sich nicht mehr nur die Frage, einzelne DDR-Flüchtlinge von der Straße aufzulesen und in die DDR zurückzuschaffen. Sie hätte zuvor vor den Kameras der Medien, vor den Augen der Weltöffentlichkeit also, ein großes Flüchtlingslager gewaltsam auflösen müssen. Nachdem einmal das Malteserlager stand, konnte auch das deutsche Rote Kreuz hinzukommen und ebenfalls Aufnahmestellen schaffen. Bald gab es in Ungarn eine Serie von Zeltlagern, in welchen 7500 DDR-Bürger auf ihre Ausreise warteten. Die Bilder, die aus diesen Lagern damals um die Welt gingen, weckten das humanitäre Interesse der Weltöffentlichkeit an der Lage der Flüchtlinge, was ebenfalls bei den Motiven der ungarischen Regierung mitschwang, deren Ausreise schließlich zu gestatten.

Während eines Cocktailgesprächs war ein Weg aus einer komplexen Problematik gefunden worden, über die sich die Politiker in Ost und West die Köpfe zerbrachen. Csilla von Boeselager litt, als sie der Bundesregierung in Ungarn ihre tatkräftige Hilfe leistete, bereits an einer todbringenden Krankheit. Nicht lange danach starb sie.

Niemand wird behaupten können, es sei ausschließlich den Organisatoren des Grenzpicknicks vom 19. August 1989, Frau von Boeselager, den deutschen Maltesern und Pfarrer Kozma zu danken gewesen, daß die weitere Entwicklung den Gang nahm, auf den wir heute erleichtert zurückblicken können. Die Schlüsselfigur blieb damals natürlich Gorbatschow, der der ungarischen Regierung bei der Gestattung der Ausreise der DDR-Flüchtlinge freie Hand ließ. Genscher, der krank darniederlag, hatte Staatssekretär Jürgen Sudhoff nach Budapest entsandt, um dort Überzeugungsarbeit zu leisten. Kanzler Kohl hatte im gleichen Sinne mit Gorbatschow telefoniert. Dennoch blieben das Eingreifen der Paneuropa-Union mit Otto von Habsburg und der deutschen Malteser unter Csilla von Boeselager Wendemarken, die den weiteren Gang orientierten – leuchtende Mosaiksteine im Gesamtgeschehen.

Die Öffnung der ungarischen Grenze hatte ein erstes Loch in den Eisernen Vorhang gerissen. Das Grenzsicherungssystem der DDR, das jeden freien Übertritt zum Westen bis dahin prinzipiell verhindert hatte, begann sich aufzulösen. J. B. Raimond, mein französischer Kollege in Rom, berichtet in seinem lesenswerten Buch über Gorbatschow (Paris 1992) von einer kleinen, im Grunde trivialen Äußerung, die ich um den 15. September 1989 im Kreise der beim Heiligen Stuhl in Rom akkreditierten EU-Botschafter machte, als diese die Nachricht von der Öffnung der ungarischen Grenze nach Österreich diskutierten. Ich sagte, so schrieb er: „Le mur de Berlin est tombé“ (Die Berliner Mauer ist gefallen). Damals habe es zwar erstaunte Gesichter bei den Botschafterkollegen gegeben. Doch habe ich damals, so meinte er, mit dieser Äußerung nur etwas ganz offensichtlich Richtiges, vielleicht sogar Selbstverständliches gesagt. Denn mit der Öffnung der Grenze in Ungarn sei zum ersten Mal das Prinzip der hermetischen Abschirmung der Staaten des sowjetischen Imperiums von denen des Westens durchbrochen worden. Damit sei auch die Rechtfertigung für die Mauer in Berlin gefallen. Folgerichtig fiel die Mauer zwei Monate später.

Nachdem die DDR-Revolutionäre in Budapest und Prag obsiegt hatten, griff die Revolution mit dem Fall der Mauer am 9. November 1989 auf die DDR selbst über. Doch auch jetzt noch blieb den Regierungen kein anderer Weg, als im Respekt vor den etablierten Verhältnissen zu agieren. Der Zehn-Punkte-Plan, den Bundeskanzler Kohl am 28. November 1989 im Deutschen Bundestag vorlegte, war an diesem Tage richtungsweisend, da er erstmals die Perspektive der Wiedervereinigung konkret nannte, und dies alle Welt aufhorchen ließ. Doch schlug er ein gut kontrolliertes, abschnittweises Vorgehen in längeren Zeiträumen vor. Der DDR sollte ein vertraglich geregeltes Sterben zugesichert werden. Der Inhalt des Plans, die Etappen, die zu durchschreiten er auf dem Weg zur Wiedervereinigung vorschlug, waren aber schon wenige Wochen, wenn nicht Tage danach überholt, von den Menschen in der DDR beiseite geschoben.

Die Kerzenrevolution

Ab Sommer 1989 neigt sich die deutsche Frage mehr und mehr in eine Schräglage, wie eine zum Lawinenabbruch bereite Schneemasse an einem Berghang. Schon als ich im Juli 1989 zufällig mit einer Gruppe von Rompilgern aus der DDR in der Kirche Santa Maria Maggiore zusammentraf, schilderten mir diese, nachdem ich mich als deutscher Botschafter beim Heiligen Stuhl vorgestellt hatte, sehr lebhaft die Unrast, die in der DDR aufgebrochen war. Ein die Pilger begleitender Bischof sagte: „Bei uns wird politisch bald alles ins Rollen kommen.“ So kam es dann auch.

Die DDR-Führung igelte ihren Herrschaftsbereich ein, machte, nachdem Ungarn und die CSSR das Grenzsicherungssystem aufgekündigt hatten, die Grenzen zu allen Nachbarn dicht. Eine letzte Heerschau hielt sie Anfang Oktober während der Feierlichkeiten zum 40. Jahrestag der Gründung der DDR. Dies alles war aber nur noch Kulisse. Noch ein letztes Mal waren die Einheitsgesichter der Menschen zu sehen, die dem von oben verordneten Jubel willig

Ausdruck zu geben schienen. Dann aber kamen die Menschen aus den Seitenstraßen, ihren Häusern und Kirchen, in deren von den Friedenskerzen angeleuchteten Gesichtern etwas ganz anderes zu lesen war. Und die davon ausgehende Kraft war es, die das SED-Regime in wenigen Wochen über den Haufen warf.

Der Jubel während der Oktoberfeiern galt nicht mehr dem SED-Regime, sondern dem Besucher aus Moskau, Gorbatschow: „Gorbi, Gorbi", dem Erneuerer, dem neuen Hoffnungsträger. Die Kerzenflammen der Bürgerrechtler, ausgehend von den Friedensgebeten in der Kirche St. Nicolai in Leipzig, werden zu einem Lichtermeer. Aus tausend Demonstranten werden zehntausend, hunderttausend. Am 4. November demonstriert eine Million Menschen auf den Straßen der DDR. Und dann öffnet sich fast wie von selbst am 9. November die Mauer in Berlin, das bildwirksamste, spektakulärste Ereignis, aber doch wohl nur die logische Folge des Vorangegangenen. Honecker war schon vor dem Fall der Mauer von Krenz abgelöst worden; diesem folgt Modrow. Es kam der Ruf: „Wir sind das Volk", und dann: „Wir sind ein Volk." Dies zielte auf den sofortigen revolutionären Umsturz. Die mit kräftiger Hilfe von Kanzler Kohl in der DDR gegründete „Allianz für Deutschland" siegte in den ersten freien Wahlen am 18. März 1990, da sie nichts anderes als diese Revolution gefordert hatte. Lothar de Maizière kommt. Am 1. Juli 1990 die Wirtschafts- und Währungsunion. Am 23. August der Beschluß der Volkskammer über den Beitritt der DDR-Länder zur Bundesrepublik Deutschland. Am 3. Oktober 1990 ist Deutschland wieder vereint.

Es ist viel Papier mit den Schilderungen bedruckt worden, was national und international zu tun war, um die in der DDR stattgefundene Revolution vertraglich zu bestätigen und die durch sie geschaffene neue Lage für die Zukunft abzusichern. Es war dies in der Tat eine gewaltige politische Aufgabe. Wer die Texte der drei Vertragswerke, die dies zum Gegenstand hatten: Währungs-, Wirtschafts- und Sozialunion vom 18. Mai 1990, Einigungsvertrag vom 31. August 1990, Zwei-plus-vier-Vertrag vom 12. September 1990 in den Händen wiegt, kann den Verhandlungsführern dieser Jahrhundertwerke, die diese in wenigen Wochen zustande brachten, nur höchste Bewunderung zollen. Mußten sie doch nicht nur die Trümmerhinterlassenschaft der Revolution aufräumen, sondern zugleich ein neues, tragfähiges Dach für die wiedervereinigte Nation bauen.

Nicht nur bei der Sowjetregierung und deren bisherigen Alliierten hatte dies Überzeugungsarbeit gekostet. Auch in der westlichen Allianz hatte es einen gemischten Chor von Meinungen über die Notwendigkeit und Gerechtigkeit einer deutschen Wiedervereinigung gegeben. Die USA unterstützten diese vorbehaltlos. Für sie zählte nur das Zurückdrängen der Sowjetmacht nach Osten. Ohne Belang war für sie, ob die Deutschen in einem Staat künftig 60 oder 80 Millionen zählen sollten. Anders die Westeuropäer. Andreotti in Italien sprach von „Pangermanismus". François Mitterand war ungehalten, daß sein Freund Helmut Kohl ihn nicht vorab über seinen Zehn-Punkte-Plan vom 28. November 1989 unterrichtet hatte. Margaret Thatcher, die „eiserne Lady" in London, blieb bis zum letztmöglichen Tag auf der Linie einer Verhinderung der deutschen Wiedervereinigung. Anders die französische Haltung. Zwei Tage nach dem Fall der Mauer hatte André Fontaine, der Chefredakteur der bedeutendsten französischen Tageszeitung „Le Monde" in einem Leitartikel geschrieben: „Nie zuvor gab es eine so friedliche Revolution. Die Freude des deutschen Volkes ist die Freude aller Völker; sie ist auch die unsrige." Diese kurze Aussage wog in der politischen Wirklichkeit schwerer als manche anderslautende Analyse aus Geheimpapieren, die Historiker später vielleicht einmal ans Tageslicht befördern mögen. Das Land der Französischen Revolution, der Ideen von „Freiheit, Gleichheit und Brüderlichkeit" reagierte viel entspannter als seine politische Klasse auf die sich überstürzende Entwicklung und begleitete den Prozeß zur deutschen Einheit mit Gelassenheit, ja Sympathie, mochten auch einige Zeitungskommentare das Gegenteil vermuten lassen. Meilen über Meilen war die französische öffentliche Meinung von der Grundstimmung entfernt, die sich in

Frankreich einmal explosionsartig Luft gemacht hatte, als sich 1866 nach dem preußischen Sieg über Österreich bei Königsgrätz, nahe dem böhmischen Dorf Sadowa, die deutsche Einheit zum ersten Mal am Horizont abzuzeichnen begann. „Rache für Sadowa" hatte es damals durch ganz Frankreich gehallt, obwohl Frankreich doch nicht der Besiegte gewesen war. Und die gesamte französische Politik war seit Sadowa davon besessen gewesen, die deutsche Einheit zu verhindern, was zum Krieg von 1870/71 führte, aus dem dann der deutsche Nationalstaat Bismarckscher Prägung um so kräftiger hervorging. 1990 war von diesen Grundstimmungen, die ein Jahrhundert zuvor Frankreich noch beherrscht hatten, wenig übriggeblieben. Während der schwierigen Wochen, als sich der Zug der Weltpolitik in Richtung deutsche Einheit bewegte, bestand das deutsch-französische Verhältnis erneut eine schwierige Bewährungsprobe. Bonn und Paris gelang es, das legitime Einheitsstreben der Deutschen zum Motor für das Einheitsstreben der Europäer zu machen – Widersprüchliches also in den Dienst höherrangiger gemeinsamer Interessen zu nehmen. Der Vertrag von Maastricht, die Bildung der Europäischen Währungsunion, wurde so zur europäischen Abstützung der deutschen Einheit. Mühsam hatten die beiden Völker während der vergangenen Jahrzehnte gemeinsam Stein auf Stein zum Bau des europäischen Hauses aufgerichtet. Jetzt bewährte sich dies als Rückversicherung bei der Vollendung von Freiheit und Menschenrechten in ganz Deutschland.

Die große Leistung der deutschen Politik bestand in jenen Wochen und Monaten darin, daß sie das Bewußtsein für die höherrangigen, gemeinsamen Interessen in der westlichen Allianz zu wecken wußte und ihren Zielen nutzbar machte. Die Regierung Kohl/Genscher schaufelte damals den Weg zur an keine einschränkenden Bedingungen gebundenen deutschen Einheit frei, indem sie unbeirrt von dem, was andere um sie herum redeten und taten, an der in 40 Jahren gewachsenen Politik unseres Landes festhielt und dies auch als den Kurs des vereinten Deutschlands für die Zukunft vorgab: Verbleib in der Nato, noch entschlossenere Fortführung der europäischen Einigung. Damit wurde allen Bedenken und Widersprüchen schließlich der Wind aus den Segeln genommen. Zur Hilfe kam ihr dabei, was während dieser 40 Jahre an politischen Realitäten und an Vertrauenskapital herangewachsen war. 1989/90 ernteten die Deutschen die Früchte einer Politik, die mit Konrad Adenauer begonnen, 40 Jahre rückhaltlos zu der atlantisch-europäischen Gemeinschaft gestanden, dergestalt dem Gut der Freiheit in ihrem innen- und außenpolitischen Selbstverständnis den ersten Rang eingeräumt hatte. Es war diese moralisch-ethische Orientierung, die der Politik den Weg wies und schließlich den Weg zur deutschen Einheit öffnete.

Kein Triumphalismus im Vatikan

Der Papst, die Diplomaten des Heiligen Stuhls, saßen an keinem Konferenztisch, als sich die Politiker der Welt daran machten, die revolutionären Umbrüche in Mittel- und Osteuropa zu kanalisieren, in Verträge zu gießen, Rahmenbedingungen für das neu definierte Zusammenleben der Völker zu schaffen. Auch die deutsche Botschaft beim Heiligen Stuhl schaute dabei nur zu. Es gibt Bücher über „die Wende", in denen die Worte „Papst" oder „Heiliger Stuhl" nicht vorkommen. Was Christen, christliche Kirchen und der Papst in Rom beigetragen hatten, war längst getan, als sich die Mauer in Berlin öffnete und das neue Zeitalter begann.

In Rom herrschte während der Wochen und Monate der Wenderevolution keine Siegesstimmung, kein Triumphalismus, kein selbstgewisses „Wir haben es ja schon immer gewußt". Papst und Heiliger Stuhl hatten im KSZE-Prozeß auf seiten der westlichen Demokratien gestanden, soweit diese für Glaubens- und Gewissensfreiheit gestritten hatten. In Rom wußte man aber ebenso, daß es mit dem Durchbruch der Idee der Freiheit nicht getan war. Nunmehr galt es für einen verantwortlichen Umgang mit der Freiheit zu streiten.

Der Vatikan wartete ab. Die erste, breiter angelegte öffentliche Äußerung kam am 22. Dezember 1989 in einer Weihnachtsansprache des Papstes, in der er sagte, daß die europäische, auf christliche Ursprünge zurückgehende Identität eine Realität sei, die alle wohlverdienten Anstrengungen unterstütze, um die von Menschen künstlich geschaffenen Teilungen und Mauern verschwinden zu lassen. Zu der Frage, ob denn der Papst sich nicht noch konkreter zur deutschen Wiedervereinigung hätte äußern sollen, schrieb ich damals nach Bonn:

„Es war für uns nützlicher, daß der Papst eine allgemeine, von Ethik und Moral geprägte Konzeption von dem notwendigen Wandel in Europa entwickelte. In der Art und Weise, wie er dies getan hat, können wir unsere Anliegen und Interessen nahtlos unterbringen und uns so unanfechtbarer auf ihn berufen, als dies bei einer konkreten Unterstützung der Wiedervereinigung der Fall gewesen wäre.

Was sich zur Zeit in Osteuropa vollzieht, sind die äußerlichen Folgen einer tiefergehenden ideologischen Krise. Welchen Anteil die Kirchen in der jahrzehntelangen Vorbereitung dieses krisenhaften Wandels hatten, ist kaum abzuschätzen. Die Standhaftigkeit der katholischen Ortskirchen ist dabei im Zusammenhang zu sehen mit der geduldigen, langatmigen päpstlichen Ostpolitik. Auf der gleichen Ebene stehen aber auch die evangelischen Christen in der DDR, die mit ihrer Haltung, durch die Kerzen bei den Demonstrationen symbolisiert, den friedlichen Wandel erzwangen."

Eine Gelegenheit, auf die Meinungsbildung im Staatssekretariat einzuwirken, ergab sich für die Botschaft durch ein Interview, das Kardinal Joachim Meisner am 5. Januar dem „Rheinischen Merkur" unter der Überschrift: „Wir dienten der Einheit unserer Nation" gegeben hatte. Ich ließ eine Übersetzung fertigen und übersandte sie dem damaligen Chef des päpstlichen Außenamtes Erzbischof Sodano, der sich in seiner Antwort herzlichst bedankte und hinzufügte, daß auch der Papst das Interview mit Interesse gelesen habe.

Am 21. Februar sprach ich ausführlich mit Kardinalstaatssekretär Casaroli, der sich etwas besorgt über die stürmische Entwicklung in der DDR äußerte – die doch, wie er meinte, den gesamten Reformprozeß gefährden könnte. Ich erwiderte ihm, daß die Entwicklung nicht von der Bundesregierung, sondern von den Menschen in der DDR vorangetrieben werde. Die Unterhaltung drehte sich sodann um das Selbstbestimmungsrecht der Deutschen. Meiner Auffassung, daß dieses durch nichts und gar nichts verdunkelt werden dürfe, stimmte der Kardinal zu – allerdings etwas bedenklich den Kopf hin und her wiegend. Vielleicht hatte ihn Andreotti mit seinem „Pangermanismus"-Vorwurf etwas angesteckt.

Nachdem die DDR-Bürger das SED-Regime im März abgewählt hatten, änderte sich die Stimmung auch in Rom vollkommen. Monsignore Jean-Louis Tauran, damals stellvertretender „Außenamtschef", trat bei einem Empfang auf mich zu und sagte ohne Umschweife, daß meine Einschätzung von der Lage in der DDR sich als die richtige erwiesen habe. Von ihm selbst und anderen im Staatssekretariat gehegte Bedenken hätten sich als unbegründet herausgestellt. Ein Schlußstrich unter die Meinungsbildung ergab sich am 22. März aus einem Treffen des Papstes mit den Vorsitzenden der Deutschen Bischofskonferenz, Bischof Karl Lehmann, und der Berliner Bischofskonferenz (damals noch für die DDR und Ostberlin zuständig), Bischof Georg Sterzinsky. Die beiden Bischofskonferenzen hatten gemeinsam getagt, bevor sie sich dann wenig später wieder vereinigten. Entgegen der Übung, daß über solche Treffen mit dem Papst der Öffentlichkeit nichts gesagt wird, ermächtigte dieser die Bischöfe zu einer Presseerklärung, in welcher die Haltung des Heiligen Stuhls zu der Entwicklung in Deutschland erläutert wurde. Der Heilige Stuhl habe die Teilung Deutschlands nie anerkannt, keinen Nuntius noch Ostberlin entsandt und auch die von der staatlichen Teilung betroffenen Diözesen nie geteilt. Der Heilige Vater habe Freude darüber geäußert, daß die Menschen in der DDR sich von der Zwangsherrschaft befreit hätten und sich nun auf das Leben in einem neuen Gemeinwesen vorbereiten könnten. Ich war vor und nach dem Treffen mit Bischof Lehmann, nach diesem auch mit Bischof Georg Sterzinsky zusammengetroffen – hatte also Gelegenheit gehabt, auf den Inhalt der Presseerklärung einzuwirken.

Während der letzten Wochen meiner römischen Tätigkeit entwickelte ich gemeinsam mit der päpstlichen Universität Gregoriana noch den Plan eines Symposions mit Vertretern aus Politik und Kirche der vom Kommunismus befreiten Staaten Mittel- und Osteuropas über die Herausforderungen, die der sich so stürmisch vollziehende Wandel für diese Staaten mit sich bringe. Ziel war, Beiträge für das Heranwachsen einer demokratischen Kultur in diesen Ländern zu formulieren. Ich hatte zuvor versucht, den Leiter der Zweigstelle des Goethe-Instituts in Rom für Projekte dieser oder ähnlicher Art zu interessieren, war bei diesem aber auf vollkommene Ablehnung gestoßen. In dessen Kulturbegriff war die für das Symposion vorgesehene Thematik nicht unterzubringen. Ebenso fiel mein Hinweis ins Leere, daß sich die christlichen Beiträge für den Fall des Sowjetimperiums in diesen Wochen und Monaten für unsere Nation doch als existentiell erwiesen hätten. Das gleiche Schicksal hatte mein Argument, daß die päpstlichen Universitäten in Rom die lebendigste und zahlenmäßig größte Ansammlung von Studentinnen und Studenten der Dritten Welt, die es auf dem ganzen Erdkreis gibt, beherbergten – sich also für die deutsche Kulturpolitik als einmalige Wirkungsstätte anböten. Alles was nach Papst und Kirche roch, war damals (und ist bis heute) in Rom für die Kulturpolitik des Goethe-Instituts ein „Leerplatz“. Mit Neid nur konnte ich auf meinen französischen Kollegen blicken, der in Rom über ein eigenes, dem Vatikan gewidmetes Kulturinstitut verfügt. Der französische Staat, der in seiner inneren Ordnung das Prinzip des Laizismus viel ausgeprägter entwickelt hat als die Bundesrepublik Deutschland, hatte nie Bedenken, die Werteordnung, für die die römische Kirche eintritt, in sein breit gefächertes kulturpolitisches Verständnis einzuordnen. Sicher wirkten dabei auch Traditionen der „allerchristlichsten“ französischen Könige nach. Das Auswärtige Amt erbarmte sich am Ende meines Projektes und stellte außerhalb des Etats des Goethe-Institutes dafür Geld zur Verfügung. Das Symposion fand im Oktober 1990 statt.

Als ich mich vom Papst im Mai 1990 verabschiedete, schilderte ich ihm das Projekt dieses Symposions. Er äußerte lebhaftes Interesse und meinte, daß der Beitrag der katholischen Soziallehre für den Aufbau der neuen Demokratien in Mittel- und Osteuropa das wohl wichtigste Thema einer von ihm geplanten Synode der europäischen Bischöfe sein werde. Bevor ich Rom verließ, hatte ich noch Gelegenheit, in einem Rundfunkbeitrag für Radio Vatikan anläßlich des 70. Geburtstages des Papstes dessen außergewöhnliche Persönlichkeit zu würdigen und ihm für seinen so wichtigen Beitrag zu der Wiedervereinigung der 40 Jahre getrennt gewesenen Teile unseres Vaterlandes zu danken.

Ich weiß nicht, was ein Wunder ist

Vaclav Havel, der erste demokratisch gewählte, von den Kommunisten zuvor eingesperrt gewesene Präsident der CSSR, begrüßte Papst Johannes Paul II. in Prag am 22. April 1990 mit den Worten:

„Ich weiß nicht, was ein Wunder ist. Trotzdem wage ich zu sagen, daß ich in diesem Augenblick ein Wunder erlebe: Ein Mann, der noch vor kurzem als Feind seines Staates verhaftet wurde, begrüßt heute als dessen Präsident den ersten Papst in der Geschichte der katholischen Kirche, der den Boden betrat, auf dem dieser Staat liegt."

Alles, was Politiker, Politologen, Historiker, Publizisten und wer sonstwie sich um unser Gemeinwesen sorgt, vor dem Fall der Mauer geglaubt und vorhergesagt hatten, war von der tatsächlichen Entwicklung überrollt und widerlegt worden. Willy Brandt, der nicht lange zuvor noch das Aufrechterhalten der Forderung nach Wiedervereinigung als „Lebenslüge der Nation" bezeichnet hatte, freute sich darüber, daß nunmehr zusammenwachse, was zusammengehöre. Kam die Wenderevolution als ein Zufall daher oder war sie Folge eines dem menschlichen Verstand unzugänglich gewesenen Geschichtsdeterminismus? Oder war doch alles ein

Wunder gewesen? Hätte jemand zwei, fünf oder zehn Jahre vor dem Zerfall der Sowjetunion vorhergesagt, daß das alles kommen werde, was 1989/90 geschah – wer hätte da nicht geantwortet, daß dazu doch wohl ein Wunder notwendig sein werde? Doch bei der Behauptung, daß da irgendwo ein Wunder geschehen sei, ist wohl Zurückhaltung geboten. Sogar Casaroli, der erste Mitarbeiter des Papstes in der Hierarchie der doch angeblich so wundergläubigen katholischen Kirche, äußerte sich in einer Rede in Krakau im Juli 1990 insoweit sehr zurückhaltend: „Nicht aus Anpassung an den modischen rationalistischen Zeitgeist" zögere er, von einem Wunder zu sprechen, „vielmehr aus Ehrfurcht vor dem geheimnisvollen Eingreifen des Göttlichen in das Menschliche."

Es hatte zwei Seiten einer einzigen Medaille gegeben. Die Gegenkräfte, die sich in den Fundamenten des Sowjetimperiums zuerst langsam, dann aber immer kräftiger angesammelt hatten, mochten aus ganz unterschiedlichen Bereichen des staatlich-gesellschaftlichen Lebens gekommen sein. In der Wirtschaft hatte das Sowjetsystem mit den immer kurzatmigeren Verhältnissen unter dem staatlichen Plan sowie der täglich demonstrierten Überlegenheit des westlichen Systems zu kämpfen. In der Kultur erhob sich die individuelle, künstlerische Kreativität gegen die Richtlinien der Partei. Im Verhältnis Bürger–Staat drängte die menschliche Natur nach Schaffung von Freiräumen zur Entfaltung der Person, nach politischen Rechten, Menschenrechten, Gewissensfreiheit. Der zur Unterdrückung der Schwächen des Regimes entfaltete militärische und polizeiliche Machtapparat verfehlte sein Ziel. Die Sowjetunion sah ein, daß sie den Rüstungswettlauf mit dem Westen nicht gewinnen könne. Für den Lebensbedarf der Bevölkerung notwendige Ressourcen wurden verzettelt. Die sich in diesen vielfältigen, langjährigen Erfahrungsprozessen entwickelten Gegenkräfte bündelten ihren Widerstand trichterförmig aber letzten Endes auf einen Punkt: politisch-verfassungsrechtlich gesprochen auf den Machtvorrang der kommunistischen Partei, ideologisch gesprochen auf das von der Partei beanspruchte Wahrheitsmonopol. Denn davon hing alles ab, wie von einer Mittelsäule, die das hohe Gewölbe eines Gebäudes trägt. Denn hatte die Partei immer recht, in allen Aspekten des staatlichen, gesellschaftlichen und auch des persönlichen Lebens der Bürger die immer bessere Einsicht, dann konnte sie zum höheren Wohl der Allgemeinheit und auch des einzelnen alles reglementieren: Wirtschaft, Kultur, Erziehung, Glauben und Gewissen. Diese Mittelsäule war brüchig geworden, und es bedurfte nur noch kleiner Anstöße, um das Beben auszulösen, das diese eine Säule zum Einsturz bringen und das Imperium unter sich begraben sollte. Es gab viele, voneinander unabhängig wirkende Ursachen, die darauf hinarbeiteten. Der Zug der Geschichte rollt nie auf nur einem Geleise, wie die Ideologen dieser Welt aller Schattierungen glauben. Man kann auch lange darüber streiten, welche von diesen Ursachen mehr wog und welche weniger. War es mehr der Widerstand gegen die kommunistischen weltrevolutionären Ansprüche, der sich im Westen formiert hatte, die Beispielwirkung, die von den freiheitlichen, materiell besseren Lebensverhältnissen der westlichen Welt ausgingen? Waren es mehr systemimmanente Gründe, die das Sowjetimperium von innen her zerfallen ließen? Wer wollte dies auf Heller und Pfennig ausrechnen können?

In einem Gesichtspunkt aber kann es keinen Streit geben. Die Ursachen wirkten jede von der anderen unabhängig, trichterförmig auf die revolutionäre Veränderung hin. Die Substanz der Veränderung ging in Geistig-Existentielles, war der Qualität nach noch etwas ganz anderes, nämlich das Zusammenbrechen der Legitimation des sowjetischen Systems. Das war das eigentliche Ereignis. Ein von der Lebenswirklichkeit erzwungener revolutionärer Überzeugungswandel war es, das Zusammenbrechen eines Geschichts- und Menschenbildes, das der Marxismus-Leninismus vorausgesetzt und dem Sowjetsystem als Fundament gedient hatte.

Die aus der Entwicklung im äußerlich-materiell Faßbaren kommenden Sachzwänge hatten sich vor der Politik immer wieder in neuem Gewand mit Unerbittlichkeit aufgebaut und dergestalt den Wandel in den Überzeugungen orientiert, der dann von Weggabel zu Weggabel der Politik neue Richtungen wies. Doch in die Sphäre der Überzeugungen einzudringen, ist der schwierigste Teil historischen Nachdenkens. Denn es sind ja nicht die spektakulären, medienträchtigen, mit den Händen greifbaren Ereignisse, welche das eigentlich Wichtige verkünden. Schlagzeilen hinken in der Regel hinterher. Sie verkünden etwas, das in der Welt der Überzeugungen längst stattgefunden hatte. Etwas, das irgendwo im Verborgenen heranreifte, entwickelt plötzlich eine große Kraft, wird erst später sichtbar, obwohl es doch früher seinen Anfang genommen hatte. Eine politische Richtungsänderung kann zu Beginn unbedeutend erscheinen, eine kleine Gradabweichung von der bisherigen Streckenführung. In der Konsequenz, mit der Zeit kann daraus aber etwas ganz Neues werden, kann Politik eine ganz andere Qualität erhalten. Die zeitgenössischen Beobachter nehmen wichtige Begebenheiten und Ereignisse erstaunt wahr. Deren Ursprünge wachsen aber in der Regel in einer undurchdringlich erscheinenden Nacht heran, bleiben in dieser versteckt, dem künftigen Forscher verborgen. Wann entschied sich Gorbatschow, dem Gewaltkommunismus abzuschwören und sein Land in eine neue Richtung zu führen? Es war dies sicher ein langsamer Prozeß in der Sphäre seiner Überzeugungen. Doch irgendwann muß der Funke dergestalt übergesprungen sein, daß daraus Entscheidungen wurden. Geschah dies vielleicht nach einem Gespräch mit seiner klugen Frau Raissa? Nur Gorbatschow selbst könnte dies beantworten, sofern er noch in der Lage ist, sich darüber Rechenschaft zu geben.

Nicht Entscheidungen, im Tatsächlichen etwas zu tun oder zu lassen, sind die schwierigsten im Leben. Sehr viel tiefer in Herz, Seele und Verstand greifen Erkenntnisprozesse, greift die Einsicht, daß Überzeugungen, die ein Mensch bisher hatte, falsch gewesen waren. So fragte Anfang 1993 ein russischer Fernsehjournalist Präsident Jelzin, welche Entscheidung, die er in seinem politischen Werdegang getroffen habe, die schwierigste gewesen sei. Nach einem nur kurzen Zögern antwortete Jelzin: „Mein Austritt aus der kommunistischen Partei." Verständlich! Denn damit warf er alles an Überzeugungen über Bord, was seinem Leben zuvor Richtung gegeben hatte. Sein Kampf gegen die KPdSU und dessen Generalsekretär Gorbatschow mag von persönlichem Machstreben motiviert gewesen sein. Die Wucht aber, mit der er diesen Kampf führte, kam von seinen neuen Überzeugungen, von denen er wußte, daß diese in der Gefühlswelt der Mehrheit seiner Landsleute einen Widerhall fanden. So kam es zu dem erstaunlichen Phänomen, daß das Sowjetimperium nicht von außen besiegt wurde, sondern ganz von innen her, von seinen Zentralinstanzen in Moskau.

Freiheit, ein Gut, das der Mensch zum Atmen braucht

In den Wahlen vom März 1990 gaben die DDR-Bürger mehrheitlich der „Allianz für Deutschland" (hinter die Bundeskanzler Kohl sich gestellt hatte) ihre Stimme und stürzten so das SED-Regime. Der zuvor schon zitierte, renommierte westdeutsche Journalist erklärte dieses Wahlergebnis mit dem Hinweis auf ein norddeutsches Sprichwort, laut dem, gehe es um Geschenke, die „Tante mit dem Klavier" nun einmal weniger Erfolg habe als „der Onkel mit der Speckseite". Der Autor des Kommentars hielt also das System der Bundesrepublik für mit fettigem Schweinespeck vergleichbar, das SED-System von Stasi und Mauer mit wohlklingender Klaviermusik. Die DDR-Bürger hatten sich seiner Meinung nach nur deswegen für die „Allianz für Deutschland" entschieden, weil sie hofften, durch eine Wiedervereinigung rascher ihre Kauflust im Westen – Schweinespeck! – befriedigen zu können. Es sei den DDR-Bürgern bei ihrer Hoffnung auf Wiedervereinigung also nur um das Erlangen materieller Vorteile gegangen. Materialistisch dialektisch hat nach diesem Kommentar der bessere Marx des westdeutschen Kapitalismus den ökonomisch weniger erfolgreichen Marx der DDR und des Sowjetimperiums besiegt. Leider sei dabei der Verteilungsgerechtigkeit (d. h. der guten „Tante mit dem Klavier") die Tür gewiesen worden.

Bei dem Zerfall der DDR wie auch bei allen vorangegangenen Aufständen gegen das Sowjetsystem in Herrschaftsgebiet der Sowjetunion – den zuerst immer wieder gescheiterten, später dann den erfolgreichen – ging es selbstverständlich auch um das Erstreiten besserer materieller Lebensbedingungen. Das ist normal. Das Materielle gehört zur menschlichen Natur wie das Essen und Trinken. Im Vaterunser steht deswegen die Bitte: „Unser tägliches Brot gib uns heute“ und nicht: „Gib uns täglich eine neue Ideologie“. Der Osten verwaltete und verplante den Mangel; der Westen bot seinen Bürgern Waren besserer Qualität und in einer Quantität, die nur durch die Kaufkraft der Nachfragenden begrenzt war. Der Osten erwies sich als unfähig, seinen Untertanen die Notwendigkeiten des täglichen Lebensbedarfes zu sichern. Da war es wohl allzu natürlich und ebensowenig moralisch verwerflich, daß dort die Sehnsucht nach den Fleischtöpfen des Westens wuchs. Daß die Bürger der DDR, nachdem am 9. November 1989 die Mauer gefallen war, nach Westberlin strömten, sich vor den Schaufenstern drängten und das „Begrüßungsgeld“ gerne entgegennahmen, um sich etwas zu kaufen, war mehr als verständlich.

Das Leuchten in den Augen von all denen, die seit dem 9. November 1989 endlich die Grenze zum Westen überschreiten konnten, war aber nicht lediglich eine Vorfreude auf sich endlich befriedigende Kauflust. Nicht blanker Materialismus hatte die Demonstranten in den Städten der DDR auf die Straßen getrieben. Die Behauptung, daß es nur um die Befriedigung materieller Bedürfnisse gegangen sei, ist eine Herabwürdigung der Sehnsüchte des Menschen aus eben jenem materialistischen Geist heraus. Der harte Kern der Revolution war nicht der Wunsch, den herrschenden Materialismus durch einen neuen zu ersetzen. Ich habe von keiner Demonstration gehört, die zu den Wendemonaten von 1989/90 hinführte, in der auf Spruchbändern gefordert worden wäre: „Wir wollen Coca Cola, wir wollen McDonald's und Kentucky Fried Chicken! Jedem Werktätigen seinen Mercedes! Hoch lebe die kapitalistische Marktwirtschaft! Wir wollen vernetzt werden! Wir wollen globalisiert werden!“ Sämtliche Vordenker der Revolution hatten anderes im Sinn: Sacharow, der Atomphysiker, erster Bürgerrechtler der Sowjetunion, die Danziger Werftarbeiter, Vaclav Havel in der CSSR, die DDR-Kerzenrevolutionäre, die aus den evangelischen Kirchen heraustretend den Sturz des Regimes einleiteten. Das Materielle mag sich an der Oberfläche der Entwicklung greifbar gezeigt haben; die inneren Antriebskräfte aber waren andere.

Kardinalstaatssekretär Casaroli zog in der schon erwähnten Rede in Krakau vom Juli 1990 wie folgt eine Bilanz des Geschehenen:

„Der Irrtum jener Ideologien war die Mißachtung von nicht zu unterdrückenden Bedürfnissen des Menschen; Bedürfnissen, gebunden an das Bewußtsein seiner Personenwürde und an sein unbesiegbares Streben nach jener, die Verpflichtungen für das Gemeinwohl, das ‚bonum comune', berücksichtigenden Freiheit, ohne die der Mensch sich nicht mehr als Mensch fühlt. Er lehnt sich früher oder später auf und zieht oft den Tod der Knechtschaft oder der Eingliederung in ein System vor, das seine Individualität über Gebühr einzuschränken oder auszulöschen sucht.

Noch schwerwiegender war zweifellos der Eingriff in die intimste und eifersüchtig gehütete Sphäre des Menschen – ins Heiligtum seines sittlichen und religiösen Gewissens, das auch in jenen Menschen pocht, die es anscheinend nicht hören wollen, aber doch nicht ertragen, wenn andere – Staaten oder Parteien – darüber verfügen wollen."

Johannes Paul II. hat seinen persönlichen Beitrag zum Zerfall des Sowjetimperiums nie hervorgehoben. Bei seinem Besuch in den unabhängig gewordenen baltischen Republiken im Herbst 1993 sprach er von einem „Mysterium", das den Zusammenbruch jener Macht bewirkt habe, die sich siebzig Jahre behauptet hatte und noch Jahrhunderte zu währen schien.

In seinem Buch, auf das ich einleitend bereits hinwies, „Die Schwelle der Hoffnung überschreiten", erwähnte er seinen persönlichen Beitrag zum Zerfall des Sowjetimperiums mit keinem Wort. Gott – so schrieb er – sei doch immer in der Welt am Werke. Das

Christentum sei nichts anderes als eine große Tat Gottes auf dieser Erde – durch das Wort und durch die Sakramente. Man könne also nicht „vom Schweigen Gottes sprechen. Viel eher sollte man von dem Willen sprechen, die Stimme Gottes zu ersticken“ und nur „die Stimme des Menschen“ hören zu lassen, „der aber nichts anzubieten hat, was nicht irdisch ist. Ein solches Angebot bringt nicht selten eine Zerstörung kosmischen Ausmaßes mit sich. Ist dies nicht die tragische Geschichte unseres Jahrhunderts?“ – so fragte er.

Konkreter werdend, warnt er vor Vereinfachungen. Denn auch der Kommunismus habe seine Geschichte: die Geschichte eines Protestes der großen Menge der arbeitenden Menschen gegen Ungerechtigkeit, eines Protestes freilich, der zu einer Ideologie geworden sei. Sein ursprüngliches Anliegen sei auch schon früh von dem Lehramt der Kirche aufgenommen worden, die aber nicht bei dem Protest stehengeblieben sei, sondern weite Blicke in die Zukunft getan habe. Papst Leo XIII. habe in seiner Enzyklika „Rerum novarum“ von 1891 in gewissem Sinne den Niedergang des Kommunismus bereits vorhergesagt, da, wie er geschrieben habe, die von diesem angebotene „Medizin sich als gefährlicher erweisen könnte als die Krankheit selbst.“

Es sei zu einfach zu sagen, daß die göttliche Vorsehung den Kommunismus habe untergehen lassen. Dieser sei an sich selbst gescheitert. Er habe keine wirkliche Sozialreform zuwege gebracht. Er sei untergegangen aufgrund „seiner eigenen ihm innewohnenden Schwäche“. Wörtlich fährt der Papst fort: „Der Niedergang des Kommunismus eröffnet uns einen umfassenden Rückblick auf die typische Denk- und Handlungsweise der modernen und vor allem europäischen Zivilisation, die den Kommunismus hervorgebracht hat. Es ist dies eine Zivilisation, die neben unbestreitbaren Erfolgen in vielen Bereichen auch sehr viele Fehler gemacht und mit den Menschen Mißbrauch getrieben hat, indem sie ihn auf verschiedendste Weise ausgenutzt hat. Eine Zivilisation, die zu immer neuen politischen wie auch kulturellen Macht- und Gewaltstrukturen gelangt ist, um sie dann vor allem mit den sozialen Kommunikationsmitteln an die ganze Menschheit weiterzugeben bzw. ihr ähnliche Fehler und Mißbräuche aufzuerlegen. Wie läßt sich sonst die wachsende Diskrepanz zwischen dem reichen Norden und dem immer ärmeren Süden erklären?“

Geschichte ist nicht determiniert

Die glückliche Überwindung der Ost-West-Rivalität ist ein glänzendes Lehrstück dafür, daß Geschichte nicht determiniert ist. Auch hatte in keiner Konstellation von Himmelsgestirnen gestanden, daß es so kommen müßte, wie es kam, und daß es so gut enden würde. Die Wirklichkeit, die Tatsachen, die sich zu der Entwicklung zusammengefügt hatten, waren immer wieder an Wegscheiden angelangt, an denen sie unschlüssig mit der Frage verharrten, wohin es denn nun weitergehen solle. Solche Situationen, auch Sachzwänge können mit Unerbittlichkeit heranreifen. Es ist in keines Menschen Macht gelegt, dies zu verhindern. Es ist die auf der Politik immer wieder aufs neue lastenden Ungewißheit, welche Folgen dieser oder jener Schritt haben werde, die den Verantwortlichen den Schlaf raubt. Und nur der ist ein guter Politiker, der um dieses in das eigene Wissen eingebaute Unwissen weiß und der das schmerzlich in sich empfundene Ringen darum erlebt hat, ungeachtet des Unvermögens, der Zukunft in die Karten schauen zu können, gleichwohl verantwortlich und pflichtgemäß das Rechte zu tun. Die Gunst der Zeit, glückliche Fügungen hatten es gewollt, daß an den Wegscheiden des Ganges der Ost-West-Rivalität Menschen warteten, die die Entwicklung verantwortlich dorthin leiteten, wohin sie dann tatsächlich verlief. Rückschauend müssen wir heute sagen, daß es auch ganz anders hätte kommen – in Blut und Tränen hätte enden – können, hätte es nicht Menschen gegeben, denen ihre Überzeugungen von den Werten, die menschliches Zusammensein menschenwürdig machen, gesagt hatten, welchen Weg es einzuschlagen galt. Leuchtfeuer sind diese Überzeugungen, die den Weg in die immer unsichere und auch gefahrvolle Zukunft erhellen.

Es hatte viele, sehr viele Wegscheiden gegeben, an denen Menschen verantwortlich entschieden, wohin des Weges es weitergehen solle. Kleine Richtungsänderungen und markante Neuorientierungen waren es, die aufeinander folgten. Wir werden nie erfahren, was gekommen wäre, wenn die Entwicklung nicht so verlaufen wäre, wie sie tatsächlich verlief. Geschichte verträgt kein „wäre, hätte, würde". Was wäre geschehen, hätten die Kardinäle in Rom im Oktober 1978 nicht den Krakauer Kardinal Wojtyla, sondern einen der auch zur Diskussion gestandenen italienischen Kardinäle Benelli oder Siri auf den Stuhl Petri erhoben? Wir werden dies nie erfahren. Noch über vieles anderes ließe sich endlos spekulieren. Was wäre geschehen, hätte Breschnew 1981 den Einmarsch in Polen befohlen? Wie wäre in Deutschland die Entwicklung verlaufen, hätte Hans Dietrich Genscher 1982 nicht die Koalition mit dem von seiner eigenen Partei in zentralen Fragen der Allianz im Stich gelassenen Bundeskanzler Schmidt verlassen und den Weg für die Wahl von Helmut Kohl freigemacht? Was wäre der Gang gewesen, hätte die sowjetische Führungsgarde im März 1985 nicht den Reformer Gorbatschow auf den Stuhl des Generalsekretärs der KPdSU gesetzt, sondern einen ihrer Konservativen – so etwa Romanow, den Parteisekretär von Leningrad, oder Grischin, den von Moskau? Was wäre gekommen, wäre Gorbatschow seinen Überzeugungen untreu geworden – hätte er also das Steuer auf den Weg zum Gewaltkommunismus zurückgelenkt? All dies wissen wir nicht, und es ist geradezu unseriös, sich darüber den Kopf zu zerbrechen.

Die Wahl von Johannes Paul II., der friedliche Volksaufstand, den diese in Polen auslöste, die Friedensbotschaft die davon ausging, brachten den ersten Wendepunkt in dem Wandel der Überzeugungen, der die friedliche Überwindung der Ost-West-Rivalität möglich machte. Diese neuen Überzeugungen wurden zu den Pfeilern für die Brücke, die die Politik danach beschritt. So wurde Johannes Paul II. zum „Pontifex", dem Brückenbauer, der den Weg zu einem friedlichen Wandel wies.

Doch wie auch immer die Entwicklungen, die zum Zerfall des Sowjetimperiums führten, im einzelnen bewertet werden, für uns Deutsche bleibt: Die deutsche Frage, die Teilung unseres Landes, war nie die Ursache des Ost-West-Gegensatzes. Sie war dessen Folge. Sie war nur deswegen von kapitaler Bedeutung, weil sich auf dem Boden unseres geteilten Landes in verdichteter Form noch einmal alles wiederfand, das diesen Gegensatz ausmachte – in nochmals verdichteter Form in der geteilten Stadt Berlin. Erst als sich dieser Gegensatz in seiner ideologischen Substanz auflöste, stellte sich auch die deutsche Frage neu. Und als das soweit war, konnte Bundeskanzler Kohl die Entwicklung resolut in Richtung Vereinigung der 40 Jahre getrennt gewesenen Teile unseres Vaterlandes lenken. Aber zu deren Verständnis ist der Bogen weit zurückzuschlagen. Auch für sie gilt: Es begann mit Johannes Paul II.; es begann in Polen.

Kapitel V.

Die Demokratie vor ihrer Selbstzerstörung schützen

Politik hat stets einen unsichtbaren Begleiter, der ihr Ratschläge zuflüstert und den sie nie ganz abschütteln kann: den Zeitgeist. Leider sind Zeitgeister aber schlimme Opportunisten. Wir Deutsche sollten dies mehr als andere Völker aus unserer jüngeren Geschichte gelernt haben. Solange sie herrschen, verkünden sie, für die Ewigkeit geschaffen zu sein, und die Mitwelt, die sich ihnen hingibt, glaubt dies ebenso. Hitler, dem Zeitgeister in unserem Land einmal laut zujubelten, wollte mit seinem Nazismus ein tausendjähriges Reich gründen. Es endete in Tod, Elend und Verbrechen. Der Marxismus, der vor und nach Hitler von Zeitgeistern gehätschelt wurde, träumte vom ewigen Menschheitsglück. Was wurde daraus? Vor der Wirklichkeit erweisen sich Zeitgeister als sehr flüchtige Gesellen. Eine Generation verfällt ihnen mit Begeisterung. Die nächste wendet sich beschämt ab, nachdem sie erkannt hat, was ein Zeitgeist wieder einmal angerichtet hatte. Wer sich auf seinem Weg in die Zukunft dem kurzgehäckselten Gedankengut von Zeitgeistern verschrieb, könnte aus der Geschichte lernen, daß er sich auf sehr unzuverlässigem Boden bewegt.

Die Kurzlebigkeit der Zeitgeister kommt von ihrer Realitätsblindheit. Die in der politischen Kultur lebendigen Denkmodelle, Ideologien, „ismus"-Botschaften, denen Zeitgeister als Propagandisten dienstbar sind, leben davon, daß sie aus der Wirklichkeit nach dem sattsam bekannten Prinzip, daß „nicht sein kann, was nicht sein darf", alles ausklammern, was in ihre Vorstellungen nicht paßt. Das war so zu Zeiten des Nazismus, zu Zeiten der Herrschaften von Marxismus ebenso; mit den Zeitgeistern, die in der Gegenwart schleichend von dem allgemeinen Denken Besitz zu ergreifen trachten, ist dies leider nicht anders. Der von diesen beherrschten Zeit ergeht es, wie Mephistopheles in Auerbachs Keller von den Studenten sagt, die er trunken gemacht hatte:

„Den Teufel spürt das Völkchen nie,
Und wenn er sie beim Kragen hätte."

Zeitgeister werden erst dann sichtbar, wenn an der Wirklichkeit abzulesen ist, was sie angerichtet haben. Das ist heute genauso wie in der Vergangenheit. Nur haben sich die in der Gegenwart wirkenden Zeitgeister einen ihr Wesen vornehm verhüllenden Mantel umgehängt: die „political correctness". Wie aber sieht die Wirklichkeit in unserem Land aus? Der demographische Abgrund, vor dem das Land steht, die Schuldenfalle, in der die öffentlichen Haushalte stecken, mehr als vier Millionen Arbeitslose, das Zerbröseln der Sozialordnung, ein schwächelndes Bildungssystem, Krankheitskeime, die sich in das Verhältnis der Generationen und Geschlechter eingenistet haben, das Heranwachsen von Mentalitäten, in denen jeder sich nur noch selbst der Nächste ist. Einiges von dem mag über die Politik ohne deren Zutun gekommen sein, so durch die Lasten der Wiedervereinigung. Die Mehrzahl der Probleme aber ist hausgemacht. Was sich unter dem Begriff „Reformen" verbirgt und die politische Diskussion beherrscht, ist ja nichts anderes als ein notdürftiger Reparaturbetrieb, um die von Zeitgeistern angerichteten Schäden zu beseitigen. Gegenwärtig geschieht dies fast nur mit Gesetzen und Verordnungen, mit staatlichen Lenkungsmaßnahmen also. Es fehlt noch das Wichtigste: der Mut, sich darüber hinaus von dem loszusagen, das für die angerichteten Schäden verantwortlich ist. Allzuvielen in unserer politischen Klasse fehlt dieser Mut, weil sie sich wie Zauberlehrlinge eingestehen müßten:

„Herr, die Not ist groß!
Die ich rief, die Geister,
Werd ich nun nicht los."

Die Demokratie hat im Vergleich zu anderen Staatsformen einen unschätzbaren Vorzug: sie ist anpassungsfähig, lernfähig. Andere Staatsformen gehen unter, wenn die sie stützende Doktrin sich als Irrtum erwiesen hat oder wenn die Diktatoren, die an der Spitze einer Diktatur stehen, abgewirtschaftet haben. Eine Gesellschaft ist deswegen nur insoweit demokratiefähig, wie sie auch lernfähig ist. Demokratisches Streiten ist nichts anderes als der Versuch, diese Lernprozesse zu meistern. Sich zu streiten ist deswegen keine lästige Begleiterscheinung der Demokratie. Es gehört zu ihrem Wesen. Aber welche Lehrbücher gibt es für diese Lernprozesse? Es sind die Geschichtsbücher, die darin geschilderten Wirklichkeiten, welche die Geschichte auf immer neue Art und Weise hervorgebracht hat. Ein sich für modern haltendes, von dem Forschen in der Materie und der Sucht nach zukunftsorientierten Utopien beherrschtes Denken, scheut den Blick zurück in die Geschichte und ist blind für die Lehren geworden, die diese ins klarste Licht gerückt hat.

Wer sich umschaut, gewinnt (den von Meinungsumfragen bestätigten) Eindruck, daß die Bereitschaft zum Lernen bei den Menschen im Land entwickelter ist als in der politischen Klasse. Wieder einmal sind politische Fähigkeiten gefragt, die große Politik schon immer ausgezeichnet haben und die allein eine dauerhafte Reformbereitschaft wecken könnten: Realitätssinn und moralisch-ethische Orientierungen, um unser Land aus dem Tief, in das es sich hineinentwickelt hat, herauszuführen. So lange sich die Bereitschaft dazu nicht findet, werden sämtliche sogenannte Reformen Stückwerk bleiben. Unser Land braucht nicht immer mehr neue Gesetze und obrigkeitliche Lenkung. Es genügt nicht, daß es sich, wie Bundespräsident Herzog forderte, mit einem „Ruck“ zu neuen Ufern aufmacht. Vor einem solchen Ruck müßte eine Besinnungspause darüber stehen, welche Verführungen es waren, die unser Land in die derzeitige Lage hineingelenkt haben.

Johannes Paul II. war nie Bediener von Zeitgeistern. Wenn er den westlichen Gesellschaften einen Spiegel vorhält, ihnen ins Gewissen redet, stützt er sich auf sein Glaubensfundament, die vielfältigen eigenen Lebenserfahrungen. Er stützt sich aber auch auf die Lektionen, welche die Kirche in ihrer mehrtausendjährigen Geschichte im Umgang mit der säkularen Welt gelernt und mittels ihres Elefantengedächtnisses in ihrem Schoße bewahrt hat: der Mensch, jeder nach dem Ebenbild Gottes als einmalige, unverwechselbare Person geschaffen, in seiner Natur auf das Übernatürliche hingeordnet – die Gesellschaft, in die der Mensch hineingestellt ist, ein Gemeinwesen, das aber nur dann auf das Gemeinwohl hinleitet, wenn es den von Gott vorgegebenen Sittengesetzen gehorcht. Oder kürzer gefaßt: die Kirche im Dienste der Menschlichkeit, der Freiheit der Person – zugleich aber im Dienste der Mitmenschlichkeit, der Solidarität. Zeitlose Wahrheiten, nennt Johannes Paul II. dies – Wahrheiten, die von der Schöpfungsordnung in die Natur des Menschen und der menschlichen Gesellschaft hineingelegt sind. Doch was ist Wahrheit? Das war ja die Frage, die schon Pilatus, der antike Skeptiker, Christus entgegenhielt, als dieser gesagt hatte, daß er in der Welt Zeugnis für die Wahrheit legen wolle. Ich habe mir das Objektive, das Absolute, die Wahrheit, im Geiste schon einmal mit unserer Erdkugel verglichen. Sie wird immer von der einen Sonne beschienen. Aber sie dreht sich, läßt manches zeitweise im Dunkeln, gibt anderes ebenso zeitweise dem Blick frei – bildet uns die Konturen des Geschauten in der sinkenden Abendsonne wiederum ganz anders aus, als diese sich in der helleren, jugendlich aufsteigenden Morgensonne darboten. Alles dreht und wendet sich um eine Mitte, schreitet fließend fort und ruht zugleich – bleibt so immer auf dem Urgrund unserer guten alten, vom Licht aus dem Kosmos erhellten und erwärmten Erde.

Wahrheiten sind keine Monumente; es sind Wegbeschreibungen für Suchende. So schrieb die jüdische, zum katholischen Glauben konvertierte, in Auschwitz ermordete Philosophin Edith Stein: „Wer die Wahrheit sucht, sucht Gott."

Der Papst und die Demokratie

Wie hält es Johannes Paul II. mit der Demokratie? Es wurde ihm schon einmal unterstellt, daß er zum Kommunismus und zu den westlichen Demokratien in Äquidistanz stehe, also den gleichen inneren Abstand zu beiden halte. Diese Einschätzung ist falsch. Zum Kommunismus, zu der diesen stützenden Ideologie des Marxismus-Leninismus, stand Johannes Paul II. in Fundamentalopposition. Er verwarf die Doktrin, die Staat und Gesellschaft im Sowjetimperium trugen, in ihrer Ganzheit. Sein Verhältnis zur demokratischen Idee ist ein anderes. So sehr er in den westlichen Demokratien gängig gewordenes politisches Verhalten kritisiert, so kann daraus nicht eine prinzipielle innere Abkehr von der Demokratie als Staatsform herausgelesen werden. Im Gegenteil. Am 4. Februar 2000 schrieb er in einem Grußwort an das 50. nationale Gebetstreffen, das in den USA jährlich unter der Schirmherrschaft des Kongresses stattfindet: „Die Demokratie bietet die beste Gelegenheit, die Achtung vor den Werten zu fördern, welche die Welt zu einem besseren Platz für jedermann machen.“

Aufgabe der Christen sei es, die „Demokratie vor ihrer Selbstzerstörung zu schützen“. Der Papst predigt keine „dritten Wege“. Seit die Kirche im Verlaufe des Zweiten Vatikanischen Konzils sich rückhaltloser als zuvor zur Glaubens- und Gewissensfreiheit bekannt hat, sind auch die letzten Vorbehalte gegen die Demokratie als Staatsform gefallen. Nur so war das gemeinsame Streiten im KSZE-Prozeß für Freiheit und Rechtsstaatlichkeit im Sowjetimperium möglich geworden. Papst und Kirche haben auch keine Vorbehalte gegen die Freiheit der Märkte. Getreu den Lehren der katholischen Soziallehre verurteilen sie nur den Glauben, daß diese Freiheit mit mechanisch berechenbarer Sicherheit den am Wirtschaftsgeschehen Beteiligten Fortschritt, Glück und Wohlstand bringen werde. Dazu gehört nach der katholischen Soziallehre mehr als das blinde Vertrauen auf Markmechanismen. Der Papst steht zur Demokratie; er verurteilt nur die Gleichsetzung von Demokratie und Kapitalismus.

Mehr noch. Die Kirche achtet „die berechtigte Autonomie der demokratischen Ordnung“, schrieb Johannes Paul II. in seiner Enzyklika „Centesimus annus“ vom 1. Mai 1991 und wiederholte dies in seinem nachsynodalen Schreiben „Ecclesia in Europa“ vom 28. Juni 2003. Es ist dies Ausdruck des Selbstverständnisses, das die Kirche ebenfalls durch das Zweite Vatikanische Konzil, dessen Dokument „über die Kirche in der Welt von heute“, gewonnen hat: Rückzug auf den pastoralen Auftrag der Kirche, Einwirkung in die säkulare Welt im Wege der Glaubensverkündung. Johannes Paul II. mag eine solche Aussage leichter als seinen Vorgängern gefallen sein. Konnte er doch auf seine Erfahrungen in seinem Heimatland Polen während der Jahre der kommunistischen Herrschaft zurückschauen. Ihren Kampf gegen die atheistische Doktrin des Marxismus-Leninismus hatte die Kirche aus einer Situation der vollkommenen Unabhängigkeit von der staatlichen Ordnung geführt und war gerade deswegen so erfolgreich.

Durch diesen Rückzug auf das ihr eigene Feld hat auch die Kirche eine neue Autonomie gewonnen, die es ihr erlaubt, mit einer ebensolchen neuen Radikalität der säkularen Welt ihr Glaubensaussagen vorzuhalten. Es ist diese Radikalität, die Johannes Paul II. das Ansehen und die Aufmerksamkeit verschafft hat, die er genießt. Die Kirche mag in ihrer Kirchlichkeit in dem Umfeld der modernen westlichen Gesellschaften so manchen Rückschlag eingesteckt haben: Kirchenaustritte, Priestermangel, Theologenkritik. Gleichwohl hat ihr Johannes Paul II. einen Stellenwert in der Weltpolitik verschafft, den sie in ihrer Geschichte noch nie hatte. Er ist der große moralische „global player“ geworden, an dem niemand sich mehr einfach vorbeistehlen kann.

Demokratie und Christenheit

Doch wie hält es die Demokratie mit der christlichen Botschaft? Darauf gibt es keine einfachen Antworten. Die modernen Verfassungsstaaten verweisen Glaubensfragen in die Sphäre der persönlichen, den Bürgerinnen und Bürgern garantierten Freiheiten. Das schließt die Freiheit des Glaubens und der Überzeugungen ein, welchen Sinn das eigene Leben hat; es umfaßt aber auch die Überzeugungen, was den Staat, die Gesellschaft, das Gemeinwesen, dem jeder zugeordnet ist, „im Innersten zusammenhält“. Antworten auf diese zentralen Fragen des Lebens sowohl jedes einzelnen als auch der Gesellschaft zu suchen, sind dem freien Spiel der pluralen Meinungsbildung überlassen. So gibt es die Meinung, daß der säkulare Charakter einer europäischen Verfassung einen Bezug auf Gott und das abendländische christliche Erbe weder in dem Text noch in dem Vorwort dieser Verfassung zulasse. Papst und katholische Kirche vertreten dagegen gemeinsam mit den anderen christlichen Kirchen und den christlich geprägten Teilen des Meinungsspektrums die Auffassung, daß die in einer europäischen Verfassung sich entfaltende demokratische Idee Schaden nähme, falls sie aus ihrem Denken das christliche Erbe verbanne. Doch gibt es ein solches Erbe in der Demokratie?

In seinem Schreiben vom 28. Juni 2003 (Ecclesia in Europa) an die Teilnehmer einer zuvor stattgefundenen europäischen Bischofssynode schrieb Johannes Paul II.: „Aus der biblichen Auffassung vom Menschen hat Europa das Beste seiner humanistischen Kultur entnommen, Inspirationen für seine geistigen und künstlerischen Schöpfungen gewonnen, Rechtsnormen erarbeitet und nicht zuletzt die Würde des Menschen als Quelle unveräußerlicher Rechte gefördert. Auf diese Weise hat die Kirche als Hüterin des Evangeliums zur Verbreitung und Konsolidierung jener Werte beigetragen, die die europäische Kultur zu einer Weltkultur gemacht haben.“

Die demokratische Idee hat sich in Europa als Folge der Aufklärung gegen die vielgesichtigen Bündnisse zwischen Thron und Altar, gegen die Restbestände des mittelalterlichen Ständestaates und das Gottesgnadentum der absolutistischen Fürstenwelt durchgesetzt. An die Stelle der sich auf göttlichen Auftrag berufenden irdischen Herrschaften trat die Legitimation der Volkssouveränität.

Die demokratische Idee ist aber nicht nur ein Kind der Aufklärung; sie schöpfte zugleich aus den Reichtümern, die das Abendland zum christlichen Abendland gemacht hatten. Sie ist aus keines Menschen Kopf als ein fertiges Produkt in die Wirklichkeit gesprungen, sondern ist das Ergebnis einer vieltausendjährigen Geschichte, in welcher Offenbarungen und Menschheitserfahrungen die Wurzeln haben wachsen lassen, welche die demokratische Idee bis in die Gegenwart hinein mit Leben füllen. Vieles, sehr vieles ist so zu einem Hauptstrom im Lauf der Geschichte des Abendlandes zusammengeflossen. Die Griechen entdeckten den Menschen als Einzelperson. Römisches Rechtsdenken trat hinzu. Die Neuzeit, aus der die Demokratie herauswuchs, begann, als sich der Wille formierte, das mittelalterliche, von der christlichen Theologie durchtränkte Weltbild mit den Werkzeugen der Vernunft kritisch zu befragen. Schon im späten Mittelalter hatte ein neuer Geist begonnen, die alles beschützende romanische Architektur mit den spitzen Pfeilern der Gotik von unten nach oben zu durchbrechen, die Menschen zu forschenderen, sich himmelwärts richtenden Fragen zu ermuntern. Mag die scholastische Theologie und Philosophie ein letzter Versuch gewesen sein, dem mittelalterlichen Weltbild ein sicheres Fundament zu geben, so waren doch deren Verfechter, die spätmittelalterlichen „rebellischen Doktoren" (Golo Mann) wie Albertus Magnus und Thomas von Aquin, auch diejenigen, die die ersten Fragen vorformulierten, aus denen das neuzeitliche Denken herausfloß.

Die Renaissance schlug mutig eine Brücke zu den unerschöpflich erscheinenden Reichtümern der Antike an Kunst, Wissenschaft und Philosophie. Raffael stellte in seinen Stanzen im Papstpalast in Rom die „Schule von Athen", die Versammlung der Weisen der griechischen Wissenschaft und Philosophie, dem „Disput über das Sakrament", dem Triumph des christlichen Glaubens, gegenüber – nicht als Widerspruch, sondern als Zusammenfluß von Erkenntnis. Humanismus, Reformation und Aufklärung trieben die Entwicklung weiter. Ein merkwürdiger doppelgleisiger, zwiegesichtiger Prozeß war es: einerseits das Vertrauen auf die

Kraft der Vernunft; andererseits erhielt die Entwicklung ihre Kraft aus den Reichtümern an geistiger Überlieferung, die das Abendland zum christlichen Abendland gemacht hatten. Das war die Trennung der säkularen Welt von der der persönlichen Überzeugungen, d. h. die Trennung von dem, „was des Kaisers, und dem, was Gottes ist“, festgeschrieben in den Artikeln über Glaubens- und Gewissensfreiheit aller demokratischen Verfassungen. Bis auf den heutigen Tag hat diese Trennung die demokratische Kultur ganz wesentlich mitgeprägt, was deren Unterschied zu den in der islamischen Welt vorwaltenden Tendenzen ausmacht und auch der tiefere Grund dafür ist, daß der islamisch geprägte Kulturkreis größere Schwierigkeiten hat, zur Demokratie zu finden. Die säkulare Welt verstand sich aber nicht wurzellos, voraussetzungslos. Denn in ihr Selbstverständnis floß ebenso das aus der jüdisch-christlichen Anthropologie überlieferte, auf Einmaligkeit, Unverlierbarkeit beruhende Menschenbild ein. Wenn John Locke, was Staatsphilosophie angeht der wohl bedeutendste Vordenker der Aufklärung, die Menschenrechte aus einem vorstaatlichen Naturrecht begründete, über das niemandem im Staat eine Verfügung zustehe, so war er vom Naturrechtsdenken der spätmittelalterlichen Scholastiker weniger entfernt, als der erste Anschein dies besagen könnte. Locke gelangte aus den naturrechtlichen Vorgaben zu den Grund- und Freiheitsrechten im Staat; Thomas von Aquin hatte schon lange vor ihm mit diesen den Rang des Gewissens in der kirchlich-religiösen Gemeinschaft erklärt. Gewissensfreiheit im religiösen Denken, die Grund- und Freiheitsrechte in der staatlichen Ordnung entstammen den gleichen Ursprüngen: der Anerkennung der Einmaligkeit, Unwiederholbarkeit eines jeden Menschen – eine Anerkennung, die ihre letzte Rechtfertigung aus der Erkenntnis schöpft, daß die menschliche Natur in Dimensionen reicht, die über das Materielle hinausgreifen. Man kann es getrost sagen: Die Idee der Menschenrechte ist das Herzstück der abendländischen, in den demokratischen Verfassungen politische Wirklichkeit gewordenen Kultur. Sie ist auch das Herzstück jüdisch-christlicher Anthropologie. Es ist dies das aus diesem Kulturkreis überlieferte Menschenbild, dessen erste Umrisse die jüdischen Weisen schon zu Beginn der ersten Jahrtausends v. Chr. in der Genesis zeichneten: in dem Mythos von der Erschaffung des Menschen als „Ebenbild" Gottes, diesem ähnlich. Nur dieses Menschenbild ist es, das die in der Verfassung festgeschriebenen Grundrechte rechtfertigt, die Schutzmauern, hinter denen sich jeder Staatsbürger in seiner Einmaligkeit frei entfalten kann. Es war folgerichtig, daß das erste große Dokument, durch welches das Ideengut der Aufklärung demokratische Verfassungspolitik wurde, die Unabhängigkeitserklärung der USA vom 4. Juli 1776, mit dem Satz beginnt: „Wir halten diese Wahrheiten für einleuchtend: daß alle Menschen gleich geschaffen sind; daß sie von ihrem Schöpfer mit gewissen unveräußerlichen Rechten ausgestattet sind ..."

In den modernen Verfassungsstaaten sind Denkweisen lebendig, die ohne dieses christliche Erbe nicht vorstellbar sind. Die Grund-und Freiheitsrechte schützen die Individualität der Bürgerinnen und Bürger. Ebenso aber hat die Demokratie den Auftrag, das Gemeinwohl zu sichern. Minderheiten, deren Meinungen und Lebenswege, schützt die Demokratie; aber zugleich hat sie den Auftrag, die allgemeinen Anschauungen zu hüten, die ihr Fundament bilden. Ein mit keiner Ratio auflösbares Spannungsverhältnis zwischen dem Individuellen und dem Allgemeinen folgt daraus. Sowohl die Botschaft des Evangeliums als auch die der Demokratie versprechen für die Probleme der Welt des Diesseits keine perfekten, Glück und Heil sichernden Lösungen. Sie bieten Wegbeschreibungen an, um den Gang in eine immer offene, hoffnungsvolle aber doch auch gefahrvolle Zukunft zu sichern. Leuchtfeuer, Wertvorstellungen, die in vieltausendjähriger Erfahrung für gut erkannten Regeln aus Moral, Ethik und Sitte sind es, die diesen Weg erhellen. Und wer die zeitlosen Botschaften, die dazu aus den Evangelien sprechen, aus seinem Verständnis von Politik und Demokratie verbannen wollte – Botschaften, die auch der Demokratie in ihrem Werden den Weg gewiesen haben –, der würde dieser einen Todesstoß versetzen.

Demokratie: eine unvollkommene Staatsform, doch kenne ich keine bessere (Churchill)

Verfassungsrechtler, die sich um die innere Gesundheit unseres Staates sorgen, erinnern gerne an die Erkenntnis, daß eine Demokratie von Voraussetzungen lebt, die sie selbst nicht schaffen und garantieren kann. Diese Erkenntnis ist alt. Joseph von Eichendorff rief den Demokratie fordernden Studenten während des Hambacher Festes 1832 zu: „Keine Verfassung ... garantiert sich selbst." In der Tat: Würden alle Bundesbürger eine Mitwirkung in unserem Gemeinwesen ablehnen und wie weiland der griechische Philosoph Diogenes vor einer Tonne liegend ein Dauersonnenbad nehmen, so würde unsere Verfassung dies nicht verbieten. Das Land würde aber zugrunde gehen. Würden alle Bundesbürger es ablehnen, Familien zu gründen, Kinder „in die Welt zu setzen", diese zu verantwortlichen Bürgern der auf sie folgenden Generation zu erziehen, hätte die Demokratie ihre Zukunft verspielt.

Demokratie ist nichts Festgefügtes, sondern ein Lebensvorgang, der von unten nach oben wächst, seine Kraft aus Grundüberzeugungen, einer demokratischen Kultur schöpft, die in den Bürgerinnen und Bürgern lebendig sind – Grundüberzeugungen, die sagen, wie mit dem höchsten Gut der Demokratie: der Freiheit, umzugehen ist. Winston Churchill nannte die Demokratie eine unvollkommene Staatsform, meinte aber, daß er eine bessere nicht kenne. Man kann noch einen Schritt weitergehen: Die Demokratie ist die bestmögliche Staatsform, weil sie sich in kluger Selbstbeschränkung den Unvollkommenheiten der menschlichen Natur angepaßt hat. Denn hielte sie sich für vollkommen, dann würde sie einen Hang zum Totalitären entwickeln. Sie würde glauben, daß alles, was von ihr ausgeht, gut, gerecht, schön und sauber ist – daß die Menschen sich ihr also zu ihrem eigenen Wohl und Heil blind unterwerfen sollten. Sie ist die bestmögliche Staatsform, weil sie unvollkommen zwischen zwei Prinzipien hin- und herpendelt. Sie erfüllt einen Traum der Menschheitsgeschichte, indem sie der staatlichen Machtausübung Grenzen setzt, es dergestalt jedem in geschützten Freiheitsräumen überläßt, den ihm gemäßen Lebensweg zu suchen und zu finden. Zugleich setzt sie durch die Herrschaft des Rechtes den individuellen Freiheiten Grenzen, um das Allgemeinwohl zu sichern. Dazwischen, in der Mitte, bleibt für jedermann der Freiraum, in welchem er sich im Guten „selbst verwirklichen" – mit sich selbst, seiner Persönlichkeit, den Mitmenschen, dem Diesseitigen und Jenseitigen, ja mit Gott, ins Reine kommen kann.

Seit sich die forschende Vernunft durch die Aufklärung, dem „Ausgang des Menschen aus seiner selbstverschuldeten Unmündigkeit", von Mythen, Märchen und Aberglauben befreit hat, ist ihr durch Wissenschaft und Technik ein Wissen über den Kosmos und die in der Materie waltenden Gesetze in einem Ausmaß zugewachsen, vor dem der Atem stockt. Die Menschheit hat nach den Sternen gegriffen; in die Tiefe der Materie drang sie auf engen und immer engeren Pfaden ein. Der Vielfalt der Schöpfung wurde sie sich bewußter, auch der Komplexität der eigenen Natur. Im Internet wird die Masse dieses Wissens heutzutage jedermann frei Haus geliefert. Diese Fortschritte veränderten alles. Es kamen die Flüge von Raketen zum Mond, die Entfesselung der in den Atomen schlummernden Energien, die grenzenlos gewordenen Möglichkeiten der Nachrichtentechnik, die Verbesserung der Verkehrsmittel, der landwirtschaftlichen Produktionsmethoden, der medizinischen Forschung und Heilbehandlung, der Einzug der Technik in jeden Haushalt: Kühlschrank, Elektroherd, Waschmaschine, Staubsauger und was nicht sonst noch. Die im ersten Buch des Alten Testamentes von den jüdischen Weisen niedergeschriebene Aufforderung Gottes an den Menschen, sich die Erde „untertan" zu machen, scheint durch die von Vernunft und Wissenschaft angetriebene industriell-technische Revolution (leider wohl im Übermaß) Wirklichkeit geworden. Die Materie ist der „Stoff der Schöpfung". Es gibt in dieser einen „Kampf ums Dasein", wie Charles Darwin es zu Recht schrieb. Die Arbeit des Bauern, sein Sorgen für das „tägliche Brot", das Können von Handwerkern, die ein angenehmes materielles Umfeld schaffen – niemandem in Rom würde es einfallen, das abzuwerten. Im Gegenteil: Das ist der – unterstellt – verantwortungsvolle Umgang mit den Geschenken der Schöpfung zum Wohle der Menschen. Johannes Paul II. bestreitet nicht die „unbestreitbaren Erfolge“, welche die moderne Zivilisation in „vielen Lebensbereichen“ erbracht hat; sie habe aber auch mit den Menschen „Mißbrauch getrieben“ und sie auf vielerlei Weise „ausgenutzt“. Der Papst ist kein Gegner der Aufklärung; er verurteilt nur die Mißstände in den westlichen Zivilisationen, die für aufgeklärt sich haltendes Denken diesen beschert hat.

Denn die sich so siegreich dünkende Aufklärung bemächtigte sich über die Erforschung und Nutzung der Materie hinaus Bereichen, die mit der menschlichen Vernunft nicht ganz aufklärbar und beherrschbar sind. Sie strebte nach Herrschaft über die menschliche Natur, die Gesellschaft, die Geschichte, die Beziehungen von Völkern und Staaten. Die dazu entwickelten Denkmodelle mögen manche Wahrheit ans Licht gebracht haben. Doch kam das Elend in dem Maße über die moderne Welt, wie sich diese für absolut, für der Weisheit letzte Schlüsse, erklärten. Der Fortschritt löste sich in Nebelfelder auf, wenn er sich daran machte, mit den Werkzeugen der wissenschaftlich-technischen Vernunft ans Licht gebrachte Erkenntnisse ungehemmt auf die Beziehungen von Mensch zu Mensch, von Nation zu Nation, von Kulturkreis zu Kulturkreis anzuwenden, um unserem Planeten ein menschlicheres Antlitz zu geben. So ist das gesamte im Internet versammelte Wissen, wie alle Erfahrung lehrt, leider nicht mehr wert als die Körner des Sandes der Wüste Sahara, solange nicht ein Mensch kommt, der sich dieses Wissens auf seine nicht mehr den Computergesetzen unterworfene Art und Weise verantwortlich bedient. Die Wissenschaft kann uns zwar Menschheitswissen vermitteln. Sie liefert aber nicht die Maßstäbe, wie damit umzugehen ist. Wer dies nicht erkennt und beherzigt, mag eines Tages erleben, daß die Masse des Computerwissens die Menschheit unter sich begräbt.

Irgend jemand muß doch den Ton angeben

„Der sich selbst überlassene Mensch, mag er sich noch so anstrengen, ist nicht imstande, der Geschichte und ihren Ereignissen einen Sinn zu geben“, schrieb Johannes Paul II. (Ecclesia in Europa, 44). In seiner bereits genannten Botschaft an das 50. Gebetstreffen des US-amerikanischen Kongresses schrieb er: „Eine Gesellschaft, welche die individuellen Entscheidungen als die letzte Quelle der Wahrheit preist, unterminiert die Fundamente der Demokratie.“

Der Papst wendet sich gegen die aus vielen Quellen gespeiste Botschaft, daß es für jeden Menschen nur eine eigene Wahrheit gebe und daß es sich nicht lohne, nach einem alles Verbindenden zu forschen, Botschaften also, die das Ideal der „Selbstverwirklichung“ absolut setzten. Etwas „Rousseau“ steckte hinter diesen, wonach der Mensch halt von Natur gut sei und von allen lästigen Auflagen der Allgemeinheit befreit werden müsse, um dem in ihm schlummernden Guten zum Durchbruch zu helfen. Etwas „Anarchismus“ trat hinzu, die Forderung, daß alles in Staat und Gesellschaft Bestehende in Frage zu stellen sei oder sogar gründlich zerschlagen werden müsse, um auf einem wieder jungfräulich gewordenen Fundament eine neue heile Welt aufzubauen. Marxistische Vorstellungen wirkten mit, die alles, was in der Menschheitsgeschichte an gemeinschaftsbildenden Wertvorstellungen von Ethik, Sitte und Moral herangewachsen war, den Unterdrückungsmechanismen zuordneten, mit welchen herrschende Klassen in der Vergangenheit die ihnen Unterworfenen in Armut und Unwissenheit gehalten hätten.

Subjektivistische Lebenseinstellungen haben einen Menschentyp sich ausbreiten lassen, der als „Single“ ohne Rücksicht auf die Sozialverpflichtungen, die er gegenüber dem Umfeld hat, in dem er steht, wie ein einsamer Wolf durchs Leben geht. Moralische Grundsätze und Werte sind ihm nichts Festgefügtes, sondern stehen relativistisch-beliebig je nach sich wandelnder Lebenssituation auswechselbar zur Verfügung. Das Ideal der „freien Entfaltung der Persönlichkeit" ist zu einem Streben nach „Autonomie" verkümmert. Literatur- und Kunstverständnisse haben sich entwickelt, die ein fraktioniertes Menschenbild predigen, sich am Zersägen und Zerhacken vergnügen, mit Versöhnen und Zusammenfügen aber wenig anfangen können. Das spitzige „Ich" erhält Vorrang vor dem Vertrauen schaffenden „Du" und dem Geborgenheit versprechenden „Wir". Mit dem Schwinden des Bindungswillens schwindet auch die Bindungsfähigkeit. Sinnfragen für Sein und Handeln werden kaum noch gestellt, erst recht nicht Fragen nach den Urgründen des Kosmos. Sofern die Gottesfrage überhaupt noch gestellt wird, ist es nicht mehr die Suche nach dem über allem stehenden, persönlichen, liebenden Gott, mit dem jeder auf seine Art in ein Zwiegespräch treten kann. Gott suchen die Menschen nur noch in sich selbst durch ein (oft nur esoterisches) Hineinwühlen in den eigenen, nur noch persönlichen Untergrund. Gott wird dergestalt zu einem beliebig auswechselbaren Phänomen, zu einem Standbild, das sich jedermann nach seinem eigenen Geschmack modelliert.

Demokratisches Streben nach Freiheit mit Autonomie zu verwechseln vergißt, daß nur die Gesunden, Reichen und Mächtigen sich von ihrem menschlichen Umfeld abkoppeln, sich autonom machen können. Arme, Kranke und alle, die sich um Kinder sorgen, also die Zukunft von Staat und Gesellschaft sichern, können dies nicht. So wird das wichtigste, für das Überleben von Staat und Gesellschaft unerläßliche Band gelöst: die Solidarität. Und der Staat wird gezwungen, die schwindende Solidarität in Freiheit durch eine Zwangssolidarität zu ersetzen.

Ein weiterer folgenschwerer Irrtum, dem die zu einem absoluten Lebensgesetz erhobenen subjektivistischen Haltungen erlegen sind, ist, daß sie sich mit Toleranz verwechseln. Tolerant die Meinung eines anderen respektieren, kann nur der, der selbst eine Meinung hat. Treffen subjektivistische Verständnisse, denen alles beliebig, relativ und auswechselbar ist, zusammen, dann kann aus deren Zusammengießen nur ein süßlicher Brei werden, mit dem niemand etwas anfangen kann. Ein solcher Subjektivismus verführt in Hohlräume, die in der letzten Konsequenz nichts anderes sind als ein Angebot, von Intoleranz überwältigt zu werden.

Das Leugnen des Bestehens objektiver Wahrheiten, welche Staat und Gesellschaft im Innersten zusammenhalten, hat als Handlungsanleitung für Politik zu einer Denkschule geführt, die sich fortschrittlich gebärdet, in der Praxis aber immer wieder aufs neue in Sackgassen führt: den „voraussetzungslosen, wertfreien Pragmatismus". Pragmatismus greift zu kurz, soweit er glaubt, daß die Lösung der Probleme der Menschen ganz allgemein in den Problemen selbst zu finden sei, er von höheren Ordnungen und Zielen, dem Geist also, der in diesen waltet, nichts hält. Ein solcher Pragmatismus ist ein Ziehkind des englischen Philosophen Jeremy Bentham, der schon an der Wende des 18. zum 19. Jahrhundert gemeint hatte, daß Moral das sei, was der Mehrheit gefalle. Er ist der Ratgeber für Politikentwürfe, die die eigenen Überzeugungen an den Ergebnissen der letzten Meinungsumfragen ausrichten. Er befähigt nur zu einem Durchwursteln, kann nur täglich oder wöchentlich ein neues Gesetzlein, ein neues Reförmchen auf den Tisch legen. Der am Ruder des Staatsschiffs stehende Politiker, der sich einem voraussetzungslosen Pragmatismus verschrieben hat, gleicht dem Kapitän, der den Kompaß bedienen kann, aber die Richtung vergessen hat, in die er sein Schiff in den sicheren Hafen lenken möchte. Ein solcher seelenloser Pragmatismus ist nichts anderes als eine bequeme Anleitung zum Opportunismus. Etwas hilflos kommt dann der Ruf nach dem Rat der Wissenschaften. Diese können der Politik aber nicht ihre ureigenste Aufgabe abnehmen: den Entscheidungsprozessen die Wertvorstellungen einzuhauchen, die für eine Lösung der Probleme unerläßlich sind. Der Ansehensverlust, den unsere politische Klasse in der öffentlichen Meinung unseres Landes immer mehr erleidet, kommt daher, daß diese das Einmaleins der Politik verlernt hat: die Tatsachen vorurteilslos zur Kenntnis zu nehmen, mit denen sie es zu tun hat – sich zu Wertvorstellungen zu bekennen, die den Weg für Problemlösungen weisen.

Der altliberale Ralf Dahrendorf meinte einmal (FAZ, 21. November 2001), daß moderne Gesellschaften es schwer hätten, gemeinsame Wertüberzeugungen zu entwickeln, da „sie den Flickenteppich eines beliebigen Pluralismus für gut genug“ hielten. Wenn man die Hoffnung nicht teile, „daß ein ... herrschaftsfreier Diskurs wie von selbst zu allgemein akzeptierten Regeln und Werten führt, dann bleibt nur eine Antwort: Irgend jemand muß den Ton angeben“, schrieb er. Es gibt einen Zensor, der gelernt hat, bei der Suche nach einem solchen Tonangeber die Spreu vom Weizen, das Echte vom Unechten, das Verläßliche vom Verführerischen zu unterscheiden. Es ist dies die Menschheit selbst, die Schätze in ihrer Weisheitsbibliothek zusammengetragen, in Schriften aufgezeichnet hat, die seit Jahrhunderten, wenn nicht Jahrtausenden immer wieder gedruckt und mit Gewinn gelesen wurden – mag das Papier, auf das sie gedruckt waren, inzwischen auch alt und vergilbt geworden sein. Vieles, sehr vieles ist da zusammengekommen: die nie endende Suche nach dem Guten, Edlen und Gerechten, wie es schon Sokrates, Plato und Aristoteles sagten, das große Dreigestirn unter den griechischen Philosophen, die Vordenker der abendländischen Zivilisation. Die Suche auch nach den Tugenden, die die Menschen befähigen, dem näherzukommen – von den Anfängen der Menschheit bis hin zum kategorischen Imperativ eines Immanuel Kant. Wie es geschrieben steht in der Bibel, dem meistgedruckten Buch der Menschheitsgeschichte, den Zehn Geboten Gottes im Alten Testament: Du sollst nicht töten, nicht lügen, nicht ehebrechen ...; dem Gebot der Nächstenliebe im Neuen Testament. Es ist dies die Botschaft, zu der Goethe vor seinem Tod seinem Chronisten Eckermann diktierte: „Mag die geistige Kultur nur immer fortschreiten, mögen die Naturwissenschaften in immer breitere Ausdehnung und Tiefe wachsen, und der menschliche Geist sich erweitern, wie er will, über die Hoheit und sittliche Kultur des Christentums, wie es in den Evangelien schimmert und leuchtet, wird er nicht hinauskommen.“

Seit dem Zweiten Vatikanischen Konzil tritt die katholische Kirche dem Wahrheitsstreben anderer Weltverständnisse und Religionen nicht mehr so entgegen wie früher einmal. Die neue Offenheit der Kirche erlaubt es ihr, sich freimütiger als in Vergangenheiten zu den Weisheitsschätzen zu bekennen, welche die Menschheit in ihrem vieltausendjährigen Werden zusammengetragen hat. „In allen Völkern der Erde wohnt", so schrieb Johannes Paul II. in seinem Buch „Die Schwelle der Hoffnung überschreiten", „dieses eine Gottesvolk, da es aus ihnen allen seine Bürger nimmt, Bürger eines Reiches freilich nicht irdischer, sondern himmlicher Natur." Das Konzil verkünde keine „Ekklesiozentrik", halte aber an der „Christozentrik" fest – und weiter: „Die Kirche ist, gerade weil sie katholisch ist, offen für den Dialog mit allen anderen Christen, mit den Anhängern der nichtchristlichen Religionen und auch, wie Johannes XXIII. und Paul VI. zu sagen pflegten, mit den Menschen guten Willens ... Die Kirche möchte das Evangelium gemeinsam mit denen verkünden, die sich zu Christus bekennen."

Die Scheu vor dem Blick in die Unendlichkeit und Ewigkeit

Die im Bundeskanzleramt in Berlin angesiedelte Kulturstaatsministerin Christina Weiss sagte in einer Feierstunde am 19. Juli 2004, an dem Vorabend des Jahrestages des Attentates der Offiziere, die 60 Jahre zuvor vergeblich versucht hatten, Hitler umzubringen, daß der dem Grafen Stauffenberg zugeschriebene Satz, den er dem Erschießungskommando vor seiner Exekution ins Gesicht gerufen habe: „Es lebe das heilige Deutschland", auf sie in der Rückschau noch immer eine faszinierende Wirkung ausübe, aber gleichwohl der heutigen Zeit fremd geworden sei. „Wir leben" – so meinte sie – „in einer Zeit, in der wir nichts von Heiligkeit hören können, ohne sofort an Scheinheiligkeit zu denken. Und wir betrachten den Staat Deutschland als eine von jeglicher Metaphysik weit entfernte Vertragsgemeinschaft zum gegenseitigen Interessenausgleich."

Der Ministerin ist zuzugeben, daß in der deutschen Geschichte furchtbarer Mißbrauch mit dem Begriff „heilig“, verbunden mit „Deutschland“ und „Vaterland“, getrieben worden ist. Ich habe es z. B. immer als die schlimmste Perversion guter vaterländischer Gesinnung empfunden, wenn Hölderlin ein dichterisches, dem Vaterland gewidmetes Schlachtengemälde mit dem Satz schließen ließ: „... zähle nicht die Toten! Dir ist ... nicht einer zu viel gefallen.“ Im Zweiten Weltkrieg haben wir Tote zu zählen gelernt. Es waren derer 50 Millionen. Von der Klasse, mit der ich 1943 siebzehnjährig Abitur gemacht hatte, ist die Hälfte im Zweiten Weltkrieg gefallen.

Es ist ihr ferner zuzugeben, daß sich die Aufgaben des säkularen Verfassungsstaates auf das „Hier und Heute“ beschränken. Doch in welche Richtung entwickelt sich ein Staat, der auch die Rechtfertigungen für politisches Handeln nur noch aus dem „Hier und Heute“ bezieht? Religion und Gewissen mögen in dem grundrechtlich geschützten Freiheitsbereich der Bürgerinnen und Bürger aufgehoben sein. Das ist eine Sache. Religion und Gewissen aber aus dem politischen Denken verbannen zu wollen, ist noch eine ganz andere. Denn ist einem Staat und einer demokratischen Gesellschaft nichts mehr „heilig“, dann ist ihnen auch nichts mehr „unheilig“; es steht also alles zur Disposition. Es züchtet Verständnisse, denen alles käuflich und verkäuflich ist, die aber vergessen haben, was auf unserem Planeten einen Wert hat. Übrig bleibt eine Staatsreligion des Materialismus. Ein solcher Staat lebt von den materiellen Versprechungen, die er macht, und geht unter, wenn er diese nicht einhalten kann.

Johannes Paul II. verkörpert den kräftigsten, zeitlosen, in der katholischen Weltkirche institutionalisierten, doch in allen christlichen Kirchen und in anderen Glaubensgemeinschaften lebendigen Widerspruch gegen Weltsichten, welche den Kosmos, die Gesamtheit der Materie, deren Geschichte, die Geschichte der Menschheit, die Natur des Menschen und der menschlichen Gesellschaft in ein geschlossenes System zwängen wollen, das die darin geltenden Regeln selbst hervorbringt – sämtliche Weltsichten also, die, in welcher ideologischen Verkleidung auch immer, sich dem Materialismus verschrieben haben. Weltsichten sind dies, welche von dem von keiner Ratio gestützten Glauben leben, daß die menschliche Vernunft wenn nicht jetzt, dann doch eines Tages in der Zukunft, in der Lage sein werde, die in dem geschlossenen System der Materie herrschenden Regeln zu erkennen und daraus den Anspruch schöpfen, diese als zuverlässig ausgeforschten Regeln anzuwenden. Sie scheuen den Blick hinaus über die Materie in die Unendlichkeit und die Ewigkeit und gehen der Frage aus dem Wege, aus welchem Urgrund, aus welchem Schöpfungsakt, der Kosmos in die Wirklichkeit getreten ist. Sie scheuen sich auch davor, nüchtern Rechenschaft zu legen, in welche Abgründe ein solch kalter, seelenloser Materialismus die Menschheit bereits mehrfach hineinverführt hat und künftig erneut hineinverführen könnte.

Henry Kissinger, der als Sicherheitsberater und Außenminister mehrerer amerikanischer Präsidenten die Weltpolitik der USA wie kaum ein anderer mitgestaltet hat, bekannte einmal der „Welt am Sonntag" (2. April 2000): „Im tiefsten Sinne fühle ich mich als Teil eines Universums, das wir kaum besser begreifen können, als eine Ameise, die den Versuch unternimmt, unsere Erde zu beschreiben. Dieses Gefühl der Endlichkeit des menschlichen Daseins verglichen mit der Unendlichkeit der Schöpfung, ist der Anfang aller Religiösität."

Kissinger befand er sich mit seiner Auffassung in guter Gesellschaft. Warum bescheinigte das Orakel des delphischen Apollo vor zweieinhalb Jahrtausenden dem Sokrates, der Weiseste unter den damals Lebenden zu sein? Doch weil Sokrates, wie er selbst diesen Orakelspruch erklärte, im Gegensatz zu all den Wissenden und Klugen seiner Zeit erkannt hatte, im Grunde doch nichts oder doch nur wenig zu wissen. Oder denken wir an Dante, der vor etwa 700 Jahren seine „Göttliche Komödie" mit dem Satz beginnen ließ: „Dem Höhepunkt des Lebens war ich nahe, da mich ein dunkler

Wald umfing und ich verirrt den rechten Weg nicht wiederfand." Oder an das, was 500 Jahre später Goethe schrieb: „Da steh ich nun ich armer Tor und bin so klug als wie zuvor."

Die menschliche Vernunft mag uns ein Geheimnis nach dem anderen enthüllen können. Doch hinter jedem enthüllten Geheimnis wartet ein neues, das der Enthüllung harrt. Der Drang nach Erkenntnis schreitet so fort und fort, bis er vor dem ehernen Tor angelangt ist, auf dem in Flammenschrift geschrieben steht: „Hinter mir beginnen die Dimensionen der Ewigkeit und der Unendlichkeit. Hinter mir beginnen die Fragen nach dem Warum, Woher und dem Wohin." Neben diesem Tor aber steht der ewige Versucher, der uns Menschen den Schlüssel anbietet, um dieses Tor zu öffnen. So wie im ersten Buch des Alten Testamentes beschrieben – die Einladung der Schlange an Adam und Eva, die Äpfel vom Baum der Erkenntnis zu essen: „Ihr werdet sein wie Gott, wissend das Gute und Böse."

Der in der Materie forschende Verstand stößt, wenn er sich treu bleibt, an eine Grenze, die ihm unüberschreitbar ist. Alle Dimensionen des Kosmos kann er nur unter der Voraussetzung für ganz aufklärbar halten, daß er das in dessen materiellen Dimensionen regierende Kausalitätsprinzip (keine Wirkung ohne Ursache) zumindest für einen Aspekt leugnet oder verschämt unter den Tisch kehrt: die Frage nach der Entstehung des Kosmos. So geschehen beispielsweise zu Zeiten des Sowjetimperiums in der damals in Moskau gedruckten sowjetischen Enzyklopädie der Wissenschaften, in welcher auf die Frage nach dem Ursprung der Materie als Antwort geschrieben stand: „Die Materie war immer da." War diese immer da, erübrigt es sich, nach deren außermateriellen Ursprüngen zu fragen. Auf der gleichen Ebene liegen Erklärungen, nach welchen ein „Urknall" die Erstursache für die Entstehung des Kosmos gewesen sei. Die Physik mag zuverlässig zu dieser Erkenntnis gekommen sein. Doch würde diese Theorie dem Schamanen eines Eskimodorfes im Norden Kanadas vorgetragen, so wäre dieser davon wenig beeindruckt und würde antworten: „Na und! Wer aber hat diesen Knall zum Knallen gebracht?" Die sich für so vernünftig haltende moderne Welt hat es sich abgewöhnt, solche Fragen zu stellen, weil ihr die Denkweisen abhanden gekommen sind, die solche Fragen zwingend erfordern.

Der jüdische Schriftsteller Franz Werfel schrieb, nachdem er den Nazischergen entronnen war und sich in dem Pyrenäendorf Lourdes in die Lebensgeschichte der kleinen Seherin Bernadette vertieft hatte: „Daher kommt es, daß Zeiten, die den göttlichen Sinn des Universums leugnen, vom kollektiven Wahnsinn blutig geschlagen werden, mögen sie sich in ihrem Selbstbewußtsein auch noch so vernunftvoll und erleuchtet dünken."

Konrad Adenauer sagte inmitten der Trümmerlandschaft, die das NS-Regime hinterlassen hatte, in einer Rede in der Kölner Universität im März 1946: „Das deutsche Volk krankt seit vielen Jahrzehnten an einer falschen Auffassung vom Staat, von der Macht, von der Stellung der Einzelperson. Es hat den Staat zum Götzen gemacht und auf den Altar erhoben. Die Einzelperson, ihre Würde und ihren Wert hat es diesem Götzen geopfert ... Der Nationalsozialismus war nichts anderes als eine bis ins Verbrecherische hinein vorgetriebene Konsequenz der sich aus der materialistischen Weltanschauung ergebenden Anbetung der Macht und Mißachtung, ja Verachtung des Einzelmenschen ... Demokratie ... wurzelt in der Auffassung von der Würde, dem Werte und den unveräußerlichen Rechten eines jeden einzelnen Menschen, die das Christentum entwickelt hat."

Anschauungsmaterial, wohin es führt, wenn solche Erkenntnisse in den Wind geschrieben werden, liefert die Geschichte in Fülle. Das Morden der Französischen Revolution begann, nachdem Robespierre die Kirchen hatte räumen und auf deren Altären Statuen der Göttin Vernunft hatte aufrichten lassen. Die Christenverfolgungen der Neuzeit, die millionenfachen Morde der atheistischen Weltanschauungsstaaten des 20. Jahrhunderts, von Stalin über Hitler zu Pol Pot, standen in der Logik eines Robespierre.

Schon Goethe ahnte (Dichtung und Wahrheit, III., 11. Buch), in welch dumpfe Verfassungen eine Menschheit absinken würde, die sich dem Materialismus ganz verschriebe: „Allein wie hohl und leer ward uns in dieser atheistischen Halbnacht zumute, in welcher die Erde mit all ihren Gebilden, der Himmel mit allen seinen Gestirnen verschwand. Eine Materie sollte sein von Ewigkeit her bewegt."

Eine traurige Halbnacht in der Tat! Denn wer sich solchen Denkweisen verschreibt, hat sich ja im Grunde schon für tot erklärt, bevor ihm sein Körper weggestorben ist. Eine traurige Halbnacht! Nur neidvoll können wir heute auf jenes Zeitalter der deutschen Klassik zurückschauen, als alle wirklich Großen: Dichter, Philosophen, Künstler welcher Gattung auch immer, sich noch in das Universelle zu erheben trachteten. Doch dann kamen die Zerhacker, kam der Abbruch. Friedrich Nietzsche, der in „Also sprach Zarathustra" sein „Gott ist tot" verkündet hatte, hörte nicht auf, diesen Gott zu suchen und wurde darüber wahnsinnig. Oswald Spengler, der mit vielen Gedankenwolken den „Untergang des Abendlandes" vorhergesagt, von „Menschenmaterial" gesprochen und mit seinem Herbeirufen des „starken Mannes" dem demokratischen und christlichen Spuk ein Ende hatte machen wollen, war einer der Wegbereiter Hitlers. Aus der Geschlossenheit des Kosmos folgerte Jean-Paul Sartre, daß auch die Menschheit eine „Geschlossene Gesellschaft" sei – eine Vorstellung, die ihn mit Pessimismus und Ekel erfüllte. Denn die geschlossene Gesellschaft der dialektisch-materialistischen Weltsicht wandelte sich im Sowjetimperium, wie er widerwillig erkennen mußte, in ein gigantisches Staatsgefängnis.

Materialismus stempelt die Menschen zu Stücken von Materie, die im Strom der Zeit, fremdbestimmt von den in der Materie waltenden Gesetzen, dahinschwimmen. Nicht mehr die Person, der Schutz von deren unveräußerlichen Werten, soll zählen, sondern nur noch die Funktion in mechanistisch verstandenen Gesellschafts- und Wirtschaftsprozessen. Der Lebenssinn beschränkt sich auf ein Sichausleben im Materiellen, auf ein Sichbehaupten in dem darwinistischen Kampf ums Dasein, in welchem die Stärkeren über die Schwächeren, die Klügeren über die Dümmeren immer die Oberhand gewinnen. Eine demokratische Kultur, die sich in diese Vorstellungen als alles beherrschende Lebensgesetze geflüchtet hat, verkümmert zu einem Schlichten in den Kämpfen um Selbstbehauptung im Materiellen: um Geld, Macht, Lust und Glück, dem Kampf der Geschlechter, dem Kampf der Generationen, den Verteilungskämpfen um Güter, in denen nichts anderes gilt als Wirtschaften, Produktion, Leistung, Werbung, Konsum und Wegwerfen. Der Erfolg des Systems hängt dann nur noch davon ab, ob alle Bürger sich als Produktionsträger eine Funktion erobert haben und ob das System mit ständig wachsender Produktivität durch gerechte Verteilung jeglichen materiellen Bedarf zu sichern in der Lage ist, mag dieser real notwendig sein oder durch Werbung und Mode vorgegaukelt werden. Über Funktionen der Menschen kann nach Gesichtspunkten von Kosten, Zwecken und Nutzen frei verfügt werden. Das fördert mit einer ebensolchen unheimlichen inneren Logik Überzeugungen, die davon träumen, zum besseren Funktionieren von Staat und Gesellschaft das Anderssein jedes Mitmenschen zu einem Einheitsbrei zusammenzurühren, Herdenmenschen herauszuklonen, die jeder Fahne nachlaufen und auf jedes Glücksversprechen hereinfallen.

Erfolge im Materiellen reichten niemals aus, den Zusammenhalt menschlicher Gemeinschaften zu sichern. Wie ging es nach der antiken Sage dem König Midas, dem Apollo die Gabe verliehen hatte, alles, was er anfaßte, in Gold zu verwandeln? Midas verhungerte; sein Reich zerfiel. Nie waren die Villen der römischen Grundherren an Rhein und Mosel so prächtig ausgestattet wie kurz vor dem Frankeneinfall, der im Jahre 355 n. Chr. dieser Herrlichkeit ein Ende machte. Nie waren die Paläste der Bischöfe, die Kirchen und Herrschaftsgebäude der Klöster, im Barock- und Rokokostil so goldbeladen geschmückt wie während der Generation, nach der ihnen all das während der Säkularisation abgenommen wurde und das Heilige Römische Reich Deutscher Nation sich 1806 in ein Nichts auflöste – das Reich, in dem sich die kirchlichgeistigen Stände einstmals so wohlig eingerichtet hatten. Noch nie gab sich das europäische Bürgertum so fortschrittlich – begannen die europäischen Industriezentren ihre Massenprodukte auszuschütten – war auch die Industriearbeiterschaft so dabei, die Fesseln der kollektiven Not abzustreifen, wie zu Beginn des 20. Jahrhunderts. Doch all dem saß schon die Angst im Nacken – bis dann die Europäer nach den Weltkriegen vor den Trümmern des guten alten Europa standen, nachdem sich nicht nur die Deutschen in dumpfer Resignation kollektivistischen Erlösungslehren in die Arme geworfen hatten.

Der Glanz der Glashochpaläste unserer Banken, Versicherungen und Verwaltungszentralen der Großunternehmen, hohe Börsenkurse, gute Wirtschaftsstatistiken sind noch kein Ausweis für die Festigkeit der demokratischen Idee. Der Satz von Bert Brecht: „Erst kommt das Fressen, dann die Moral" enthält gute Stücke von Wahrheit. Für einen Verhungernden haben Mahnungen aus Ethik, Moral und Sitte einen anderen Klang als für einen Satten. Auch im Vaterunser steht die Bitte: „Unser tägliches Brot gib uns heute". Aber ebenso bleibt die Erkenntnis, daß materielles Sattsein keine Versicherung für gute Moral ist. Im Gegenteil: Sattsein macht bekanntlich träge, kann Sinne und Verstand schläfrig werden lassen – auch den politischen Verstand. Die aus dem Sattsein gekommene moralische Trägheit, auch das blinde Vertrauen auf Freiheitsmechanismen, machen einen Großteil der Probleme aus, vor denen die Politik bei uns steht.

Wer unsere demokratische Ordnung nur als einen das Materielle regelnden Schlichtungsmechanismus, das Wesen von Freiheit ebenso nur von den in dieser waltenden Mechanismen begreift, sollte sich nicht wundern, daß diejenigen, denen diese ideologische Glücksmaschine das versprochene Glück nicht liefert, dazu übergehen, anarchistisch mit Gewalt das selbst zu verwirklichen, welches das System ihnen zu geben vorgegaukelt hatte. Das gilt gleicherweise für linke wie für rechte Gewalt. Und das ist dann auch der Boden für Gewalt, die sich gegen die jeweils

Schwächeren in der Gesellschaft richtet, deren Widerstand leichter zu überwinden ist: Alte, Behinderte, Frauen, die schwächeren Mitschülerinnen und Mitschüler auf dem Schulhof, die schwächeren Mitkonkurrenten im Betrieb. Die schlimmsten Beispiele dafür gibt es während der Kinderschändungsprozesse, die in unseren Tagen die Öffentlichkeit leider immer wieder erschüttern. Auch die Abtreibungsmentalität, die sich im Lande ausgebreitet hat, ist ja nichts anderes als der Abbau des kräftigsten, in der menschlichen Natur angelegten Hindernisses auf dem Wege zur Gewaltbereitschaft: die Achtung vor dem Leben. Und wenn wir auf deutschen Straßen immer noch erleben, daß Naziparolen gegrölt werden und daß sozialistische und anarchistische Gruppen unsere Gesellschaft mit Gewalt von links aufrollen wollen, so kommt dies nicht nur von Erbstücken deutscher ideologiegeprägter Vergangenheiten; es ist auch die Folge von materialistischen Weltsichten der Gegenwart.

Das Grauen, das in uns aufsteigt, versuchen wir uns heute das Bild zu vergegenwärtigen, als Menschen auf der Rampe vor den Gaskammern von Auschwitz nackt dem Tode entgegengetrieben wurden, ist nicht nur das Erschrecken vor der Bestialität der Täter, die dies erdachten, anordneten oder ausführten. Es ist mehr: Es ist das Grauen vor der Einheit von Unmenschlichkeit und Maschine, wie Romano Guardini, der katholische Religionsphilosoph, es in einer Vorlesung vor der Freiburger Studentenschaft im Frühjahr 1952 nannte. Das Grauen vor der Tatsache, daß es da in der Welt der Modernen einen Staat geben konnte, der seine Verwaltungsmechanismen, seine Verkehrsmittel, seine Mittel der Technik und Chemie dafür einsetzte, Millionen von Menschen zu töten. Das Grauen vor der letzten Konsequenz von Welt- und Menschenbildern, die dem einzelnen das Recht auf die Unversehrtheit der Sphäre absprechen, in der sich seine Person in ihrer Einmaligkeit und Unwiederholbarkeit entwickeln kann, in der Freude, Hoffnung, Glück, Schmerz, Enttäuschung, Scham, Verantwortung, Gewissen und vieles andere Platz haben. Das Grauen vor Ideologien, die nach Gesichtspunkten der Funktionalität, der Zweckmäßigkeit, von Kosten und Nutzen, sich anmaßen, in diese Sphäre einzudringen und über das ursprünglichste Menschenrecht zu verfügen: das Recht zu existieren.

Wir mögen uns davon ferne glauben. Zu sehr hat sich die Erinnerung an Auschwitz und Archipel GULAG in unser kollektives Gedächtnis eingebrannt. Es darf aber deswegen nicht verdrängt werden, daß die großen Unheile der modernen Welt aus Vorstellungen herauswuchsen, wonach die menschliche Gesellschaft im Grunde nichts anderes ist als eine von den in der Materie waltenden Gesetzen fremdbestimmte Maschine, die Menschen eine Art Maschinenteile – die Demokratie also eine Staatsordnung, in welcher die Gesetze des Fressens und Gefressenwerdens rechtsstaatlich gebändigt sind. Wo aber die Maschine herrscht, ist die Unmenschlichkeit nicht ferne. Wenn das Wort „Angst" in unser so herrlich freiheitlichen Gesellschaft wieder Konjunktur hat, so kommt dies von der Angst vor der Unmenschlichkeit.

Für Johannes Paul II. gab es ein zusätzliches, persönliches Motiv, den in den westlichen Gesellschaften lebendigen Materialismus zu verurteilen. Er war sich bewußt, welchen Anteil er an dem Zerfall der marxistischen Weltidee hatte. Danach mußte er aber schmerzlich erleben, daß nicht seine Vorstellungen von Freiheit, Menschenwürde und christlicher Solidarität sich durchsetzten, sondern daß die in dem ehemaligen kommunistischen Machtblock entstandenen freiheitlichen Demokratien sich westlichem Materialismus und Konsumismus in die Arme warfen. In einen heiligen, alttestamentarischen Zorn steigerte sich der Papst, als er in Polen während seines Besuches im Juni 1991 nach Westen blickend ausrief: „Wir brauchen nicht nach Europa zu kommen. Wir sind schon in Europa ... Was ist ihr Kriterium des Europäischen? Die Freiheit? Welche Freiheit? Die Freiheit, einem ungeborenen Kind das Leben zu nehmen?" Und weiter: „Dieses tragische Jahrhundert hat sich Ideologien zurechtgemacht, nach denen ein Mensch dem anderen das Leben nehmen kann, nur weil er einer anderen Klasse angehört, einer anderen ethnischen Gruppe, weil er weiß oder schwarz ist,

Jude, Pole oder Zigeuner. Eine Herrenrasse und eine Sklavenrasse. Von alldem müssen wir uns befreien. Das ist die Befreiung, die Europa braucht." Liefern die Wirklichkeiten, in welche die westlichen Gesellschaften sich hineinverstrickt haben, nicht tagtäglich die handfestesten Beweise dafür, die diesem Papst recht geben? Es liegt doch im klarsten Licht der Sonne: Alle diejenigen, die sich bei uns zulande mit Ideologien, Ideen, Konzepten für die Allgemeinheit befassen, müssen sich die Erfahrung entgegenhalten lassen, die das 20. Jahrhundert uns geliefert hat: Wer dem Schutz der menschlichen Person einen geringeren Wert gibt als seinen Gedankengebäuden, wird immer wieder erleben müssen, daß sich diese selbständig machen und gegen die richten, in deren Dienst sie zu stehen behaupten. Die Idee frißt dann ihre Kinder. Dagegen aber stemmt sich Johannes Paul II. Eine Zivilisation, eine „Kultur des Todes" nennt er, was sich an Denkweisen in den westlichen Gesellschaften ausgebreitet hat.

Einer Jugendversammlung in Lemberg in der Ukraine rief er am 26. Juni 2001 zu: „Fallt nicht von der Sklaverei des kommunistischen Regimes in die des Konsumismus. Dieser ist eine andere Form des Materialismus. Er weist Gott nicht ausdrücklich zurück, leugnet ihn aber de facto und schließt ihn aus dem Leben aus ... Die Freiheit ist anspruchsvoll und kostet ... mehr als die Sklaverei ... Natürlich kann man mit materiellen Gütern Gutes tun. Aber sie dürfen im Herzen des Menschen nicht an erster Stelle stehen."

Ehe und Familie

Die Störung des demokratiesichernden Gleichgewichtes zwischen Freiheit und Gemeinwohl, die Überbetonung des Individuellen und Subjektiven in den Freiheitsverständnissen sind der Grund für das Chaos, in das sich unsere politische Kultur hineinentwickelt hat, und deren Unfähigkeit, die so drängend gewordenen Probleme der Zeit zu lösen. Man muß ideologisch ziemlich verblendet sein, um diese Erkenntnis nicht nüchtern empirisch an den Tatbeständen abzulesen, mit denen Politik zu tun hat. Was wird aus dem obersten Prinzip des Grundgesetzes: „Die Würde des Menschen ist unantastbar", wenn jedermann seine eigene Vorstellungen von „Würde", „Mensch" und „unantastbar" mit sich herumträgt? Was wird aus einer Rechtsordnung, wenn jedermann deren Satzungen durch den Filter seiner eigenen Vorstellungen zieht? Sie zerfällt samt dem ethischen Gerüst, das sie trägt. Das gilt für alle Bereiche: Steuermoral, Zahlungsmoral, Umgang mit öffentlichem Eigentum, Achtung fremden Eigentums, Verpflichtung auf Wahrheit, Einhaltung von eingegangenen Verpflichtungen, Verbot der privaten Gewalt. Um den Bestand von Staat und Gesellschaft vor drohendem Chaos zu schützen, ist der Staat gezwungen, gegen die Subjektivierung der Normverständnisse mit immer mehr Regeln und Androhung staatlicher Gewalt zurückzuschlagen. Die demokratiesichernde Toleranz geht in der Forderung nach „Nulltoleranz" gegen ideologieverführte Gesetzesbrecher unter. Die Subjektivierung des Verständnisses von Freiheit endet so in dem Verlust von Freiheit.

Im zweiten Artikel des Grundgesetzes ist das Recht eines jeden „auf freie Entfaltung seiner Persönlichkeit" festgeschrieben, „soweit er nicht die Rechte anderer verletzt" oder gegen „das Sittengesetz verstößt". Doch wie weit reichen die Rechte anderer, was ist der Inhalt des Sittengesetzes? Eine Privatisierung der Definitionen, was diese sind, nimmt ihnen den Charakter der Allgemeingültigkeit. Denn wenn jedermann sein eigenes Sittengesetz in sich trägt, werden Gesetzgeber und Verfassungshüter zu Registrierstellen degradiert, die als Ethik, Sitte und Moral das zu rezipieren haben, was „der Allgemeinheit gefällt". Die gründlichste Umwälzung von dem, was Inhalt von „Sittengesetzen" ist, fand durch die sexuelle Revolution statt, die seit den sechziger Jahren über die westliche Welt kam und vor keinem bis dahin gültig gewesenen Tabu halt machte. Doch Vorsicht! Auch ein eingefleischter Konservativer wird eingestehen müssen, daß es Anlaß zu Aufräumarbeiten gab – es galt, die Verständnisse von Sexualität von biedermeierlich-viktorianischen Hinterlassenschaften zu säubern. Vor allem in der

Verwirklichung des Verfassungsgebotes der Gleichstellung von Mann und Frau gab es erheblichen Nachholbedarf. Und man braucht kein Anhänger von Sigmund Freud zu sein, um zu wissen, daß alles, was mit Geschlechtlichkeit zu tun hat, tief in der Persönlichkeit jedes einzelnen wurzelt. Schon der Schöpfungsbericht des Alten Testamentes deutet dies an. „Und sie erkannten, daß sie nackt waren“, heißt es darin von Adam und Eva nach deren Sündenfall.

Entgegen dem, was oft zu hören ist, wendet sich Johannes Paul II. nicht prinzipiell gegen die Modernisierungsprozesse, welche die modernen Gesellschaften im Umgang mit der Sexualität durchlaufen haben. Getreu den Traditionen seiner Kirche kritisiert er nur den vom Subjektivismus kommenden Werterelativismus, laut dem alles in der Sexualität zur persönlichen Disposition steht. Vor allem streitet er dafür, Ehe und Familie den Rang zurückzugeben, den sie im Kulturverständnis des Abendlandes einmal hatten. Auch für die Familie gelte die Erkenntnis des Zweiten Vatikanischen Konzils: „Unsere Zeit braucht mehr als die vergangenen Jahrhunderte Weisheit, damit menschlich wird, was immer an Neuem vom Menschen entdeckt wird,“ so schrieb er schon bald nach seinem Amtsantritt in dem apostolischen Schreiben „Familiaris consortio“ vom 22. November 1981. Wer meint, daß er sich nach der Biedermeierehe zurücksehne, in welcher der Ehemann im Ohrensessel sitzend dem mit Hausarbeit sich abplackenden Eheweib zuschaute, kennt die Auffassungen dieses Papstes nicht. Mit der jungen und der heranwachsenden Generation ist für ihn die Idee der Partnerschaft in Ehe und Familie gottlob eine Selbstverständlichkeit geworden. Auch wendet er sich nicht dagegen, daß Frauen in Staat und Gesellschaft zunehmend Verantwortung übernehmen und sich gleichberechtigt neben die Männerwelt stellen. In allen Fragen, die das Leben unmittelbar angehen, gelangt weibliche Intuition gepaart mit Intelligenz, wie auch der Papst in seinen Lebenserfahrungen hat feststellen können, rascher zu guten Ergebnissen als mühsam in den Problemen stochernde männliche Ratio. In allen seinen Äußerungen zu Ehe und Familie stellt er zudem diesen das in der kirchlichen Tradition hochgeachtete Zölibat und die Ehelosigkeit in Ordensgemeinschaften gleichrangig zur Seite. Niemand kann in der Tat die Menschen zu einem Zusammenleben in einer Familie zwingen. Alle Menschheitskulturen kennen Beispiele erfüllter und fruchtbarer Lebenswege außerhalb von Familien.

„Die Familie ist die Grund- und Lebenszelle der Gesellschaft", schrieb Johannes Paul II. in dem vorgenannten Dokument. Ehe und Familie zählten zu den „kostbarsten Gütern der Menschheit". Sie seien „von Gott mit der Schöpfung gewollt ... als Liebesgemeinschaft zwischen Gott und Mensch". Sie seien die „erziehende Gemeinschaft zum Erkennen der persönlichen Berufung und zum Einsatz für größere Gerechtigkeit." In dem, was der Papst sagt, steckt nicht nur ein wenig Wahrheit, sondern eine ganze Menge davon, vor der sich auch die säkulare Welt nicht verschließen kann, ohne Schaden zu nehmen. Ehe und Familie sind die wichtigste Wirtschaftseinheit, das festeste Band im sozialen Netz, die fruchtbarste Erziehungsanstalt jeder, auch der demokratischen Gesellschaft. In dem Maße wie die Familien krank sind, kränkelt jede Gesellschaft, auch die Demokratie. Wie sollen die Alten die Jungen verstehen lernen, wenn sie nicht mehr im familiären Raum zusammengelebt haben – wie auch die Jungen die Alten achten, wenn sie keine Gelegenheit mehr hatten, von diesen zu lernen? Dann aber geht der Gesellschaft ein Wert verloren, der in allen Menschheitskulturen, die diesen Namen verdienten, stets einen hohen Rang hatte: die Achtung vor der Weisheit des Alters. Das derzeit herrschende Gesellschaftsklima neigt dazu, diese Lehren in den Wind zu schreiben. Die Folgen sind unübersehbar. Es zählt dann nur noch das, was jung, gesund, kräftig ist und im Saft steht. Was alt und schwach ist, wird beiseite geschoben, mit institutioneller Alters- und Gesundheitsfürsorge ruhiggestellt. Die Kosten dafür werden von einem schwindelerregende Höhen erreichenden Schuldenstand des Staates bezahlt, den abzutragen der Arbeit der nächsten Generation aufgebürdet wird. Daß in einem solchen Gesellschaftsklima auch die Bereitschaft sinkt, Kinder „in die Welt zu setzen", ist die unausweichliche Folge.

Die Forderung des Grundgesetzes: „Ehe und Familie stehen unter dem besonderen Schutz des Staates", ist nichts anderes als die Festschreibung uralter Weisheiten. Die Geschichte lehrt zudem: In dem Maße wie die Idee der Familie eine Gesellschaft beseelte, war diese lebensfähig; in dem Maße wie die Idee verfiel, verfiel die Gesellschaft. Das römische Weltreich zerbrach, nachdem die „familia", in der „pater" und „mater" einen gleichberechtigten hohen Rang hatten, zerfallen war und die kinderreichen Stämme des germanischen Nordens in die entvölkert gewordenen Landstriche Italiens und Galliens einbrachen und dort die Herrschaft übernahmen.

Während der Jahrzehnte des wirtschaftlichen Aufbaus und des Glaubens an das Unaufhaltsame eines immerwährenden Aufstieg unseres Landes kam es zu der Illusion, daß die Solidarität der Geschlechter und Generationen dauerhaft durch eine gesamtgesellschaftliche, staatlich garantierte Solidarität ersetzt werden könne. Die Leere in den Staats- und Sozialkassen liefert den Beweis, daß dies in einer Zeit des Schwindens der Kinderzahlen und der Zunahme der Zahl der Alten unmöglich geworden ist. Was zur Zeit als „Reform" der Sozialsysteme geplant wird, ist ja nichts anderes als eine teilweise Abkehr von der gesamtgesellschaftlichen Solidarität und eine Rückverweisung der Bürgerinnen und Bürger auf ihre eigenen Möglichkeiten und die Geschlechter- und Generationenverträge, die in der Menschheitsgeschichte schon immer in den Ehen und Familien lebendig waren. Mit dem Schwinden der Kinderzahlen schwindet der Nation die Zukunftshoffnung, die laut der Natur der menschlichen Gesellschaft nun einmal von dem Heranwachsen der nächsten Generation abhängt. Dies bringt die Generationen, die Geschlechter gegeneinander auf, diejenigen, die Kinderlasten tragen oder getragen haben, gegen die Kinderlosen. Jedermann, der in unserer politischen Klasse seine Sinne noch beisammen hat, weiß, daß dies so ist. Woran es fehlt, ist der Mut, die Geister offen zu kritisieren, welche für die derzeitigen Zustände verantwortlich sind.

Ehe und Familie bilden die Urzellen jeglicher lebendigen, lebenstüchtigen Gesellschaft, die kleinste Einheit, in der solidarisches, ja liebevolles Zusammenleben, geübt, gelebt und gelernt wird. Wenn der Papst sich gegen die Abwertung von Ehe und Familie wendet, legt er den Finger auf die schmerzlichste Wunde, die sich die westlichen Gesellschaften selbst geschlagen haben. Unser Finanzminister wäre seine Sorgen fast sämtlich los, wenn unsere Gesellschaft sich dazu bekehren würde, Ehe und Familie den hohen Rang zurückzugeben, den sie dieser, von Kulturstufe zu Kulturstufe aufsteigend, einmal zuerkannt hatte. So lange in unserer Gesellschaft eheliche Treue nicht wieder als Tugend verstanden wird, Kinder nicht als ein Geschenk empfangen werden, der Mut zum Erziehen nicht wieder eine Selbstverständlichkeit wird, eine Reise nach Hawaii und der Kauf eines blitzenden Autos immer noch höher bewertet werden, als die Sorge für Kinder, kinderreiche Familien in Armutsrisiken fallen – so lange solche Zustände bei uns weiterhin als Selbstverständlichkeit hingenommen werden, wird kein deutscher Finanzminister seine Sorgen los werden. Wieder einmal ist es die Wirklichkeit, die zu einem Umdenken in der Erkenntnis zwingt. Daß der Nation für die Erfüllung elementarer Aufgaben das Geld fehlt, kommt daher, daß in diesem Gemeinwesen durch falsche Freiheitsverständnisse ideologische Luftschlösser gebaut worden sind, welche die für das Überleben der Gesellschaft unerläßliche Solidarität aushöhlten. Die Ehen und Familien sind der Bereich, in denen dies die dramatischsten Auswirkungen hatte.

Die Familie ist die Fluchtburg, die Schutz vor den Widrigkeiten der Welt bietet. Sie bildet die Mauern, hinter denen glückliche Kindheiten sich entfalten können. Wer daran zweifelt, sollte nur in eine einzige Sitzung eines deutschen Jugendgerichtes hineinschauen, um zu lernen, was aus Kindern wird, denen die Verirrungen von Zeitgeistern diesen Schutzraum geraubt haben. Bundestagsabgeordnete, die den grundgesetzlich vorrangigen Schutz von Ehe und Familie gesetzgeberisch unterminieren, versündigen sich an den Kindern, den Schutzbedürftigsten und Schwächsten der

Gesellschaft. Staat und Gesellschaft haben eine vorrangige Pflicht, denjenigen beizustehen, die Opfer der herrschenden Zeitgeister wurden: Kindern, denen in ihrem Aufwachsen das Glück der Geborgenheit in einer Familie fehlte, den Alleingelassenen, den alleinerziehenden Elternteilen. Alle christlichen Kirchen widmen sich schon seit jeher in ihren Sozialwerken diesen an den Rand der Gesellschaft Gestoßenen. Das darf aber nicht zu dem Fehler führen, die von der Verfassung geforderte vorrangige Pflege von Ehe und Familie zu vernachlässigen und dergestalt die Unheile, die von deren Verfall kamen, noch zu vergrößern.

Kultur der Freiheit

Das Wochenmagazin Focus (Nr. 9, 2004) nannte in einer Titelgeschichte die derzeitigen Mitdreißiger die „Generation ratlos“. In der Tat: Diese Generation ist Produkt und Opfer herrschender Zeitgeister, die mit den Versprechen von mehr Freiheit Regellosigkeit und Maßlosigkeit säten, als Ernte Orientierungslosigkeit hinterließen. Doch in der jungen Generation vollzieht sich ebenso, wenn die Zeichen der Zeit nicht trügen, ein erstaunlicher Sinneswandel, der hoffen läßt, daß unser Land aus den Sackgassen herausfindet, in die hinein es sich hat verführen lassen. Es ist die Jugend der Welt, die diesem Papst mehr zujubelt als die alte und etablierte Welt. Bezeichnend ist auch, daß junge Autoren (wie der Zeit-Redakteur Jan Roß oder der Bild-Korrespondent Andreas Englisch) diesen Papst in vielgelesenen Büchern geradezu hymnisch loben und ihn als den größten lebenden Staatsmann unserer Zeit bezeichnen.

Doch wer sich vorurteilslos mit den Aussagen des Papstes befaßt, sie an dem mißt, das unserer Zeit so gründlich abhanden gekommen zu sein scheint, dem schwindet ein solches Erstaunen. Wer konnte ungerührt bleiben, als der Papst bei der feierlichen Zeremonie in einem der festlichen Säle des Vatikans am 24. März 2004 den außerordentlichen internationalen Karlspreis der Stadt

Aachen entgegennahm und mit zitternder Stimme seine Vision von einer besseren Welt, einem besseren Europa aufleuchten ließ:

„Ich denke an ein geeintes Europa dank des Engagements der jungen Menschen ... Wie kann eine junge Generation erstehen, die empfänglich ist für das Wahre, das Schöne, das Edle, für das, wofür es sich lohnt, Opfer zu bringen, wenn in Europa die Familie nicht mehr eine gefestigte Einrichtung darstellt, die offen ist für das Leben und die selbstlose Liebe ...

Das Europa, das mir vorschwebt, ist eine politische, ja mehr noch eine geistige Einheit, in der christliche Politiker aller Länder ... sich in den Dienst aller stellen für ein Europa der Menschen, über dem das Angesicht Gottes leuchtet."

Solche Worte hatte er wieder und wieder an die Jugendlichen der Welt gerichtet, die er bei Jugendtreffen zu Hunderttausenden, ja Millionen rings um den Erdball um sich versammelte. Ihm mag dabei seine Fähigkeit geholfen haben, sich medienwirksam zu inszenieren. Die Jugendlichen mögen das Zusammentreffen mit ihm als ein „event" erlebt und verstanden haben, das in ihrer persönlichen Lebensführung nicht so viel veränderte, wie man kirchlicherseits vielleicht hätte erhoffen können. Das Geheimnis des Erfolges, des weltweiten Aufsehens, das er erregt, ist aber, daß die Millionen, die sich zu ihm drängen, in ihm etwas zu finden glauben, das sie in ihrem täglichen Leben, in dem Wort- und Bilderschwall vermissen, dem sie von der säkularen Welt, dem von den Medien veranstalteten Beliebigkeitskonzert, den populistischen Stimmen der Politik ausgesetzt sind. Ob in bestem Mannesalter oder gezeichnet von Krankheit und Alter – unbeirrt hielt dieser Papst während seines Pontifikates als ein wahrer Petrusfels in der Brandung des Weltgeschehens der immer wieder auf neue Art und Weise irrenden säkularen Welt seine Botschaft von Frieden, Menschlichkeit und Solidarität entgegen.

Die alle Botschaften der Päpste der neueren Geschichte durchdringende Forderung war der Ruf nach Frieden. Papst Benedikt XV. scheiterte damit im Ersten Weltkrieg, Pius XII. im Zweiten Weltkrieg. Während des Ost-West-Konfliktes wandte sich Johannes XXIII. mit der Enzyklika „Pacem in terris" an die Welt. Paul VI. erklärte den Neujahrstag eines jeden Jahres zum Weltfriedenstag, sandte elf Friedensappelle an die Welt.

Die Friedensappelle von Johannes Paul II. stehen in dieser Tradition; sie waren zugleich eine Auseinandersetzung mit der Weltpolitik, wie sich diese zum jeweiligen Jahresbeginn darstellte. Seit dem Zerfall des Sowjetimperiums lenkte der Papst die Aufmerksamkeit noch mehr als zuvor auf die Beziehungen zwischen dem reichen Norden und dem armen Süden. Konkreter befaßte er sich mit den beiden Irakkriegen, dem internationalen Terrorismus und dem nicht enden wollenden, leider auch blutigen Streit zwischen Israel und den Palästinensern. In der Botschaft zum 1. Januar 2004 fordert der Papst vor allem die Beachtung des Rechts. Die Kraft der Rechtsordnung dürfe nicht durch das Recht des Stärkeren ersetzt werden. Die Charta der Vereinten Nationen, das in dieser verankerte Gewaltverbot, welches nur wenige Ausnahmen zulasse, habe zu einer „tiefgreifenden Erneuerung der internationalen Rechtsordnung" geführt. Der Kampf gegen den Terrorismus dürfe sich „nicht bloß in Unterdrückungs- und Strafaktionen erschöpfen. Es ist unbedingt erforderlich, daß ein ... Rückgriff auf Gewalt begleitet ist von einer mutigen, nüchternen Analyse der Beweggründe, die den terroristischen Anschlägen zugrunde liegen." Gewalt gegen Terroristen könne „den Verzicht auf rechtsstaatliche Prinzipien" nicht rechtfertigen. „Der Zweck heiligt niemals die Mittel." Der Papst hält der modernen, sich für aufgeklärt haltenden Welt, vor allem der Führungsmacht, den USA, einen Spiegel vor, indem er davor warnt, der Macht und materieller Vorteile wegen die zivilisatorischen, durch bittere Geschichtserfahrungen im Prozeß der Aufklärung offenbargewordenen Werte über Bord zu werfen, welche die Zivilisation der modernen Welt erst möglich gemacht haben. Immanuel Kant, der leuchtende Stern am Himmel der deutschen Aufklärung, hätte seine Freude an diesen Aussagen des Papstes. War doch für ihn die Beachtung des Rechtes unabdingbare Voraussetzung für den Weg „Zum ewigen Frieden“ (1795).

Doch, so der Papst, müsse die Gerechtigkeit ihre Vervollständigung durch die Liebe finden. Schon die antike Welt habe gewußt: „omnia vincit amor“ (Die Liebe besiegt alles) – eine Erkenntnis, die uns Deutsche an die Verse Goethes erinnert:

„Was auch als Wahrheit oder Fabel
In tausend Büchern dir erscheint,
Das alles ist ein Turm zu Babel,
Wenn es die Liebe nicht verneint.“

Den Satz aus dem Römerbrief des Apostel Paulus voranstellend: „Laß dich nicht vom Bösen besiegen, sondern besiege das Böse durch das Gute“, weitet der Papst dies in seinem Friedensappell zum 1. Januar 2005 noch einmal aus. Das Böse nehme „seinen Lauf über die menschliche Freiheit.“ Es habe immer „ein Gesicht und einen Namen: das Gesicht und den Namen von Männern und Frauen, die es aus freien Stücken wählen. Die Heilige Schrift“ – so fährt der Papst fort – „lehrt, daß am Anfang der Geschichte Adam und Eva sich gegen Gott auflehnten und Abel von seinem Bruder Kain erschlagen wurde.“ Johannes Paul II. widerspricht damit allen politischen Botschaften, die in wechselnder ideologischer Verkleidung die Menschen in „Reiche des Bösen“ und „Reiche des Guten“ aufteilen wollen – zuletzt durch die Überhöhung des amerikanischen Demokratieverständnisses durch Präsident Bush jun. zu einem mit berechenbarer Sicherheit der Menschheit Glück und Wohlstand bescherenden Politikmodell.

Eine „Kultur der Freiheit“ forderte Papst Johannes Paul II., als er zum 50. Jahrestag der Gründung der Vereinten Nationen in New York vor dem Weltforum der Staatenvertreter am 5. Oktober 1995 von der fundamentalen Bedeutung der Menschenrechte sprach und hinzufügte: „Freiheit ist nicht einfach die Abwesenheit von

Tyrannei und Unterdrückung. Auch ist Freiheit kein Freibrief, das zu tun, was man möchte ... Losgelöst von der Wahrheit über die menschliche Person, verkommt Freiheit im Leben der Individuen zur Freizügigkeit, und im politischen Leben wird sie zum Spielball der Mächtigsten und zur Arroganz der Macht."

In der Rede, die er zum Ende seines letzten Deutschlandbesuches am 25. Juni 1996 am Brandenburger Tor in Berlin hielt, rief er fünfmal: „Der Mensch ist zur Freiheit berufen." Doch forderte er wiederum eine „Kultur der Freiheit". „Wer aus der Freiheit einen Freibrief macht, hat der Freiheit bereits den Todestoß versetzt ... Die Idee der Freiheit kann nur da in Lebenswirklichkeit umgesetzt werden, wo Menschen gemeinsam von ihr überzeugt und durchdrungen sind – in dem Wissen um die Einmaligkeit und Würde des Menschen und um seine Verantwortung vor Gott und den Menschen ... Es gibt keine Freiheit ohne Solidarität ... Sie verlangt Hochherzigkeit ... Opferbereitschaft ... Wachsamkeit und Mut gegenüber den Kräften, die sie von innen und außen bedrohen." Und dann: „Das neue Haus Europa, von dem wir sprechen, braucht ein freies Berlin und ein freies Deutschland. Es braucht vor allem die Luft zum Atmen, geöffnete Fenster, durch die der Geist des Friedens und der Freiheit eindringen kann. Europa braucht nicht zuletzt deshalb überzeugte Türöffner, also Menschen, die die Freiheit schützen durch Solidarität und Verantwortung. Nicht nur Deutschland, sondern ganz Europa braucht dazu den unentbehrlichen Beitrag der Christen."

Mehrfach wurde Johannes Paul II. zum „Mann des Jahres" gewählt; „Mann der Jahrtausendwende" wurde er auch schon genannt. Doch was berechtigte es, den Mann ohne Waffen und ohne Geld, der vor mehr als einem Vierteljahrhundert gesund und kräftig sein Amt antrat, jetzt aber alt und krank im Vatikan residiert, so zu beurteilen? Wobei zudem noch auffällt, daß solche Lobsprüche weniger aus dem eigenen Kirchenvolk kamen, noch weniger aus Seminardiskussionen katholischer theologischer Fakultäten. Es ist sehr viel mehr die säkulare Welt, die mit Kirchlichkeit wenig zu tun hat, die neugierig und auch ehrfürchtig auf den Mann in Rom schaut, ihn besucht und sich anhört, was er zu sagen hat.

Der große protestantische Historiker Leopold von Ranke nannte Anfang des 19. Jahrhunderts die Macht der Päpste eine „Macht des Daseins". Seit Ranke dies 1834 schrieb, mögen sich die Zeiten weidlich geändert haben. Damals bereitete sich in Großbritannien die junge Prinzessin Victoria auf ihre Thronbesteigung vor, ein Zeitalter der bürgerlichen Wohlanständigkeit einleitend, das seit dem Wiener Kongreß ganz Europa zu prägen begann. Deutschland gab sich biedermeierlich. Auch die Kirche wurde biedermeierlich. Für Europa war der Rest der Welt von Heiden und Wilden bevölkert, die es zu kolonisieren und zu christianisieren galt. Die USA standen dabei nicht abseits.

Die Rankesche „Macht des Daseins" des Papstes war eine ganz andere geworden, als Johannes Paul II. im Oktober 1978 auf die Weltbühne trat und im Juni 1979 sich zu seinem ersten Besuch in seine Heimat aufmachte. Er kam ohne jede säkulare Macht. Aber gleichwohl wandte sich die ganze polnische Nation wie in einem Rausch ihm zu und löste damit die Entwicklung aus, an deren Ende der Zerfall des Sowjetimperiums stehen sollte. Seine Macht kam aus der Sphäre der Überzeugungen, den inneren Antriebskräften für die Gestaltung der Verhältnisse auf Erden – Antriebskräften, denen keine säkulare Politik, die Verantwortung spürt, sich entziehen kann. Ein Vierteljahrhundert nach jenen Ereignissen sind alle Akteure, mit denen der Papst damals zu tun hatte, abgetreten. Gorbatschow, der große Gegenspieler im Sowjetimperium, Jaruzelski, der letzte kommunistische Präsident Polens, hatten die Größe, ihre eigene Stellung der Entwicklung zu opfern, dieser ihren Lauf zu lassen und sich nicht ihr wider Einsicht und Gewissen mit Gewalt entgegenzustellen. Vier US-Präsidenten, mit denen der Papst es nacheinander zu tun hatte: Carter, Reagan, Bush senior und Clinton sind inzwischen Politikpensionäre, ebenso sämtliche europäischen Staatsmänner, die der Papst bei seinem Amtsantritt vorfand.

Die Welt hat sich während des Pontifikates von Johannes Paul II. von Grund auf geändert. Die Ost-West-Rivalität, die einmal alles überlagert, die Welt mit dem atomaren Untergang bedroht hatte, ist Geschichte. Seit dem 11. September 2001 ist alles anders. Mochte sich die Entwicklung, die dahin geführt hatte, schon zuvor angekündigt haben, so sind doch seit diesem Tag die neuen Weltverhältnisse klar definiert: hier die reichen, mit Waffen wohlgerüsteten westlichen Staaten, dort die armen, militärisch machtlosen Staaten des Südens, die sich in die Vorstellung hineingedrängt fühlen, nur noch Objekte der mit ihren Währungen, Waren und Waffen herrschenden Staaten der westlichen Welt zu sein. Die Staaten des Südens sind keine Terroristenstaaten. Sie sind oft in ihrem inneren Frieden und in ihrer Entwicklung vom Terrorismus noch mehr bedroht als die westliche Welt. Aber gleichwohl bildet das Wohlstandsgefälle und der kulturelle Abstand zwischen Nord und Süd den Boden, auf dem der internationale Terrorismus gewachsen ist.

Und wieder erweist sich das Dasein dieses Papstes in Rom als eine Macht – eine Macht, die in der Sphäre der Überzeugungen herrscht, wie diese neue Weltspaltung friedlich überwunden werden kann. Wieder wirkt er als Pontifex, als Brückenbauer. Er bietet dazu der einzig noch verbliebenen säkularen Weltmacht, den USA, die Stirn und erinnert sie an die Verantwortung, die sie aufgrund ihres alles überschattenden wirtschaftlichen und militärischen Potentials haben. Zugleich sagt er der Gewalt des internationalen Terrorismus den Kampf an. In dem Nahost-Konflikt, dem sich endlos hinziehenden, so wenig Hoffnung bietenden Streit zwischen Israel und den Palästinensern – dem Konflikt, in dem sich die neuen Weltverhältnisse im Regionalen widerspiegeln, läßt er keine Gelegenheit aus, für Frieden und Verständigung zu werben.

Zur Zeit ist dieser Papst kaum mehr als ein Rufer in der Wüste, ein Stein des Anstoßes, einer der auf eine Hoffnung setzt, die unerfüllbar erscheint. Doch ist dies weder für die Kirche noch für ihn neu. Die christliche Botschaft war immer der Welt ein Stein des Anstoßes. Auch als es um die Überwindung der Ost-West-Rivalität ging, war er zuerst ein einsamer Rufer, der aber wider alle Erwartungen die Überzeugungen zu wecken wußte, welche die Überwindung der Rivalität und eine Entwicklung möglich machte, auf die zuvor kaum jemand gehofft hatte. Die Aufmerksamkeit, das Lob, die Achtung, die ihm von der säkularen Welt kommt, rührt nicht daher, daß diese gerne in die Spiegel schaut, die der Papst ihr vorhält. Da hinein schauen die Regierenden der säkularen Welt sogar nur ungern. Sie sind so sehr mit dem Machterhalt und der Auswertung der letzten Meinungsumfragen beschäftigt, daß ihnen der Sinn für das Fundamentale in der Politik allzuoft abhanden gekommen ist. In der Weltöffentlichkeit, an die sich der Papst immer wieder wendet, sind bessere Erkenntnisse lebendig.

„Die Schwelle der Hoffnung überschreiten"– „Habt keine Angst! Öffnet, ja reißt die Tore weit auf für Christus! Öffnet die Grenzen der Staaten, der wirtschaftlichen und politischen Systeme, die weiten Bereiche der Kultur, der Zivilisation und des Fortschritts seiner rettenden Macht." – Das sind die Leitlinien, daher kommt die Kraft der Überzeugungen, von denen sich der alte und kranke Papst heute ebenso unerschütterlich leiten läßt wie zu Beginn seines Pontifikates, als er im besten Mannesalter gesund und kräftig auf die Weltbühne trat. Diese Unerschütterlichkeit machte die Größe seines Pontifikates, seines Petrusamtes, aus. Vielleicht wird ihm einmal wie Papst Gregor I., der im 6. Jahrhundert das Primat des römischen Papsttums in der Christenheit befestigte, der Ehrentitel „der Große" zuerkannt, da er dem Papsttum universelle Bedeutung verschaffte und es in den Dienst des Wohls einer ungeteilten Menschheit stellte.

Man kann es auch einfach zusammenfassen: Die Menschheit mag seit dem Zeitalter der Aufklärung manch hohes Ziel erreicht haben – die Demokratie war ein solches Ziel –, doch hat sie noch nicht das höchste erreicht. Sie mag ihr Wissen ins Unermeßliche gesteigert haben; doch ist sie damit noch nicht allwissend geworden und wird es auch nie werden. Sie hat eine Macht über die Natur gewonnen, die kaum noch Grenzen kennt; doch hat sie immer noch nicht zuverlässig gelernt, wie mit dieser Macht zum eigenen Wohle umzugehen ist und wird es leider auch kaum je ganz lernen. Sie mag manch lästige Fessel gelöst haben; doch hat sie sich damit noch nicht selbst erlöst. Das aber ist es, woran Johannes Paul II. die säkulare Welt mit der Botschaft des Evangeliums immer wieder mahnend erinnert.

Christoph Goldt

Mission Frieden

Der „Realpolitiker" Johannes Paul II., der maßgeblichen Anteil am Sturz der kommunistischen Regime in Mittel- und Osteuropa hat, ist weit über die katholische Kirche hinaus zu einer moralischen Autorität für den Weltfrieden geworden. Welche globalen politischen Alternativen verbindet der Vatikan mit seinem kategorischen „Nein zum Krieg"? Christoph Goldt zeigt, welche Perspektiven internationaler Politik sich aus den Verlautbarungen und Friedensinitiativen der Päpste bis zu Johannes Paul II. ergeben. Ausgehend vom Begriff des internationalen Gemeinwohls entwirft er die Prinzipien einer christlich inspirierten „Weltinnenpolitik" im Zeitalter von Globalisierung und weltweiter Gewalt. „Mission Frieden" bietet zugleich eine Auseinandersetzung mit den Institutionen internationaler Politik und deren völkerrechtlichen Grundlagen.

ISBN 3-936484-08-2
Geb., 216 Seiten